EINFACH

WOHL FÜHLEN

Ulrich Pramann

EINFACH WOHL FÜHLEN

Tricks und Alltagstips mit großer Wirkung

SÜDWEST

INHALT

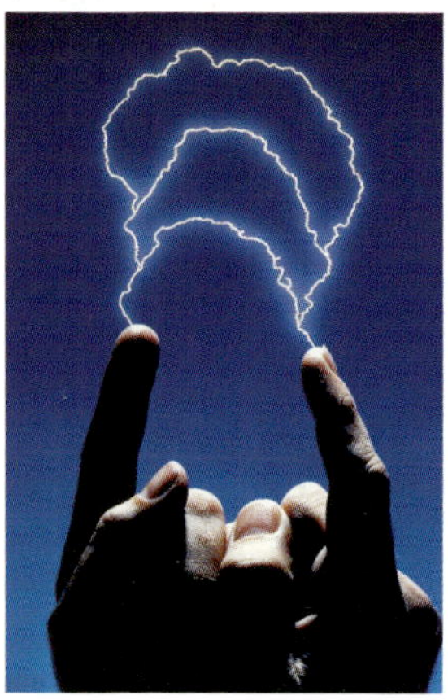

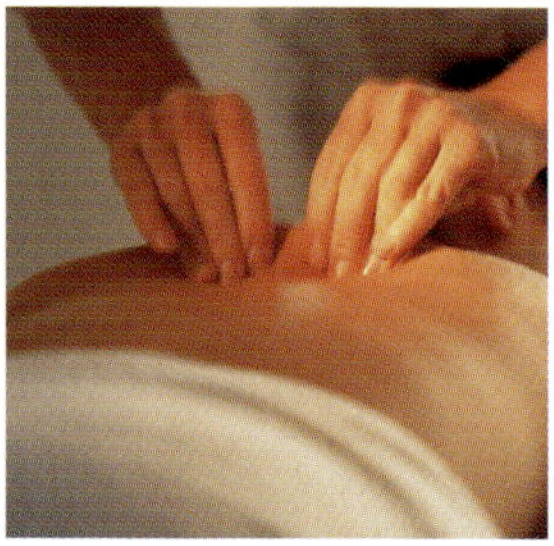

MENU

The Saturday Evening
POST
January 3, 1953

Vorwort

Verführerische Tröster mit Kurzzeitwirkung: Süßigkeiten, Alkohol, Zigaretten. Dabei gibt es ein viel besseres Mittel für dauerhaftes Wohlbefinden: Bewegung.

Noch vor zwei Stunden habe ich mich überhaupt nicht wohl gefühlt. Müde war ich, ohne Saft und Kraft. Es ging einfach nichts.
Sicher kennen Sie dieses Gefühl auch. Eigentlich ist gar nichts Schlimmes passiert. Aber Sie leiden. Warum eigentlich? Da ist diese Leere. Diese Lustlosigkeit. Diese Trägheit. Schrecklich!
In solchen Momenten greifen viele erst mal zur Zigarette. Oder kochen noch eine Kanne Kaffee. Oder resignieren. Oder fangen Streit an. Oder schenken sich ein erstes Glas ein. Oder futtern was Süßes. Vielleicht fühlt man sich dann sogar ein bisschen besser. Aber das ist nicht viel wert, weil es flüchtig ist. Jedenfalls ärgere ich mich fast immer nach diesen Schokoorgien, denn nichts ändert sich dadurch. Doch: Danach fühle ich mich weiterhin lustlos und leer – und gleichzeitig voll und fett.

Sich besser fühlen – kein Problem

Jetzt fühle ich mich richtig wohl. Nein, diesmal nichts mit süßer Verführung, kleinmütiger Resignation oder großer Verzweiflung. Ich habe praktiziert, womit ich mich seit vielen Wochen für dieses Buch beschäftige. Es war ganz leicht – und es hat funktioniert.
Einfach raus. In den Wald. Bewegung. Frische Luft tanken. Ich fühlte die Natur, ich fühlte sonderbares Glück. Diese Idylle, diese friedliche Stille, diese schöne knappe Stunde.
Hinterher noch Muskeldehnen (»Stretching«) und dann ab unter die Dusche. In den letzten Wochen habe ich, zur Vorbereitung auf dieses Buch, jede Menge Wellness-, Fitness-, Ernährungs- und Gesundheitsliteratur gelesen. Dabei bin ich natürlich auch auf den Vater der modernen Ganzheitsmedizin, Pfarrer Sebastian Kneipp, gestoßen, der vor über 100 Jahren einen Bestseller landete: »Meine Wasserkur« (»Um gesund zu bleiben, muss sich der Mensch bewegen, schwitzen und soll das Wasser in seiner mildesten Form gebrauchen.«).
Zunächst amüsierten mich die feuchten Verheißungen kneippscher Güsse. Aber dann probierte ich mal heimlich, was wohl Wechselvoll-

guss heißt: kalte Schauer nach der heißen Dusche – eine echte Mutprobe. Eine Wohltat, wenn man sich schließlich daran gewöhnt.
Jetzt sitze ich wieder am Schreibtisch, erfrischt und mit neuem Schwung. Wohlgefühl und Wohlbefinden – ein wunderbarer Zustand. Kompliziert und gleichzeitig ganz einfach. Oft sind es Mythen und Missverständnisse, manchmal auch nur Kleinigkeiten, die unserem Wohlgefühl im Weg stehen. Häufig lässt sich Wohlbefinden mit ganz einfachen Tricks schon deutlich verbessern.
Wohlbefinden ist zu einem großen Teil aber auch Psychologie, also Einstellungssache. Da hilft es, wenn Sie neugierig und aufgeschlossen sind. Wenn Sie alte Gewohnheiten infrage stellen und sich auf neue Gedanken einlassen. Wenn Sie sich bewusst machen, wie eng körperliche und seelische Abläufe miteinander vernetzt sind. Alles, was wir tun oder unterlassen, alles, was in unserem Kopf vorgeht, was wir denken und fühlen, wirkt sich unmittelbar auf unser Wohlbefinden aus. Wie Sie diese Chance nutzen können – auch das ist Inhalt dieses Ratgebers.

Wohlgefühl ist vor allem eine Einstellungssache. Es hilft, wenn Sie alte Gewohnheiten infrage stellen. Seien Sie neugierig und aufgeschlossen für neue Erfahrungen.

Froh zu sein bedarf es wenig … Lassen Sie sich von diesem Buch zu mehr Wohlgefühl verführen – Sie werden sehen, wie einfach das sein kann.

Vertrauen Sie auf die Weisheit Ihres Körpers

Keine Bange, in diesem Ratgeber soll es nicht um schlechtes Gewissen gehen, um Schuldgefühle oder fragwürdige Fitnessziele, die ausschließlich durch Plackerei und Selbstkasteiung zu erreichen wären. Ganz im Gegenteil!

Dieses Buch bietet Ihnen umfassende und praktische Ratschläge:

- Wie Sie Ihr Wohlbefinden gezielt verbessern können
- Wie Sie sich leichter motivieren
- Wie Sie mehr Energie für den Tag gewinnen
- Wie Sie besser mit Stress umgehen
- Wie Sie jederzeit Entspannung finden
- Wie Sie Ihr Leben vereinfachen
- Wie Sie mehr Befriedigung im Leben finden
- Wie Sie Ihr Selbstbewusstsein stärken
- Wie Sie körperlich und seelisch fit werden

Wohlbefinden ist von vielen Faktoren abhängig. Aber Sie haben es selbst in der Hand. Oft sind nur kleine Veränderungen in Ihrem Alltag nötig.

Klingt das zu schön, um wahr zu sein? Nein, umfassendes Wohlbefinden ist keine unerreichbare Traumvorstellung. Es ist machbar. Vertrauen Sie künftig mehr auf die Weisheit Ihres Körpers. Prüfen Sie die Ratschläge und Tips in diesem Buch, und probieren Sie aus, was am besten zu Ihnen passt. Es sind oft nur kleine Veränderungen nötig. Vieles lässt sich ganz leicht in Ihren Alltag einbauen.

Wohlgefühl und Selbstbewusstsein

Man muss kein Psychologe sein, um zu wissen, wie eng dieser Zusammenhang ist: Fitness, Wohlbefinden – und Erfolg im Leben. Jeder konnte das sicher schon an sich selbst beobachten.

Aber leider gilt auch der Umkehrschluss: Wer sich mies fühlt, macht oftmals unliebsame Bekanntschaft mit folgenden Facetten der Gefühlswelt: Passivität, Frustfutterei, Alkohol, depressivem Wegtauchen. Ein Teufelskreis.

Dabei kann wirklich jeder seine Situation selbst anpacken und verändern. Und wer sagt, ich kann nicht, der will nicht wirklich.

Es gibt dazu die kleinen Fitnesstricks mit großer Wirkung. Fitness muss nicht unbedingt anstrengend, mühevoll und schweißtreibend sein. Jeder kann schon mit wenig Aufwand sehr viel für seine Gesundheit und sein Wohlbefinden tun – auch als Sportmuffel oder als Einsteiger in ein neues Lebensgefühl.

Nehmen Sie doch mal einen anderen Standpunkt ein – dann gewinnen Sie auch einen völlig neuen Blick auf die Dinge.

Es geht also vor allem um:

- Neue Einsichten: was wirklich Ihr Leben bereichert
- Ein neues Gefühl: was Ihrer Gesundheit gut tut – und was nicht
- Neue Erkenntnisse: wie wichtig einfache Freuden und kleine Genüsse sind
- Neue Lebensfreude – und Lebensglück

Lust auf Bewegung, sinnvolle Nahrung für Leib und Seele, die Kunst der Entspannung – das sind die besten Voraussetzungen fürs Wohlbefinden.

Die Umsetzung – viel leichter als Sie denken

Wann fühlen Sie sich besonders wohl? Können Sie in einer Minute ein gutes Dutzend Wohlfühlsituationen nennen?

Fast immer ist übrigens Bewegung im Spiel, wenn es ums Wohlfühlen geht. Lust auf Bewegung, sinnvolle Nahrung für Leib und Seele und die Kunst der Entspannung – das sind ganz wichtige Voraussetzungen fürs Wohlbefinden.

Wohlgefühl und Wohlbefinden: Sie zu finden ist in dieser anstrengenden und schnelllebigen Zeit schwerer geworden. Aber es ist doch auch leichter, als Sie im Moment noch denken.

Jetzt viel Spaß bei der Lektüre des Wohlfühlbuches. Viel neu, viel drin, feel good.

Ulrich Pramann

WIE SIE SICH RUNDUM BESSER FÜHLEN

Eigentlich geht es uns doch gut, oder? Wir machen es uns bequem und müssen auf nichts verzichten. Auch wenn wir wissen, dass uns ein Übermaß an Essen oder Trinken schadet, fressen wir uns hemmungslos voll, wenn uns danach ist, und trinken auch schon mal einen über den Durst. Wir sündigen: zu viele Süßigkeiten, zu viel Kaffee, zu viele Pillen, vielleicht auch zu viele Zigaretten. Aber davon wollen wir lieber nichts wissen.
Unsere Mütter und Väter, ja, die hatten es noch schwer. Und unsere Großeltern, die kannten harte, körperliche Arbeit. Aber wir?
Was tun wir? Wir sitzen, wenn wir stehen könnten, und nehmen das Auto, auch wenn der Weg zum gewählten Ziel noch so kurz ist.
Abends sitzen wir auch, am Esstisch, auf dem Sofa, vor dem Fernsehapparat. Schließlich bequemen wir uns ins Bett. Auf Dauer kein besonders erträglicher Zustand für den Körper.

Die durchschnittliche Lebenserwartung eines Menschen liegt heute bei 75 Jahren – noch Anfang unseres Jahrhunderts wurden die Menschen nur etwa 45 Jahre alt. Technischer Fortschritt und verbesserte Lebensbedingungen machen's möglich.

Hilfe, geht es uns gut

Es geht uns wirklich gut – aber wir fühlen uns nicht so. Eigentlich fühlen wir uns sogar ganz und gar nicht wohl.
Wir fühlen uns z. B. nicht besonders belastbar und schlafen schlecht. Wir sind tagsüber sehr häufig müde, mehr noch, zerschlagen. Hier und da plagt ein Zipperlein. Der Rücken schmerzt, es drückt bedenklich auf der Brust, irgendetwas scheint uns im Magen zu liegen. Es knackt komisch, wenn wir in die Knie gehen, und wenn wir wieder hochkommen, wird uns manchmal sogar schwindelig.
Manche sagen, das ist das Alter, aber das ist es nicht wirklich. Zu viel Stress, zu viel Arbeit, zu viel Zeit, um sich Sorgen zu machen. Scheinbar aber zu wenig, um aktiv zu sein.

Kommt Ihnen das eine oder andere bekannt vor? Fühlen Sie sich angesprochen? Ein bisschen vielleicht? Keine Angst: Jetzt werden Sie nicht mit Gesundheitsformeln bombardiert, keiner will Ihnen sofort Beine machen. Sie werden auch nicht zu Verzicht, verbissener Askese oder zu einem gnadenlosen Pensum von Body-Workouts (also Sport) aufgefordert. Das würde aller Erfahrung nach nichts bringen – es würde Sie nur abschrecken.

Zu einem gesunden Leben gehört eine gesunde Einstellung. Sportlicher Drill und Selbstkasteiung bringen Ihnen nicht viel. Vertrauen Sie auf die Weisheit Ihres Körpers.

Gesund ist, was Spaß macht

Der Psychologe und Autor Heiko Ernst (»Gesund ist, was Spaß macht«) hat die komplizierten Psychopfade beschrieben, wie mühsam wir zu neuen Einsichten kommen. Selbst dann, wenn es um Gesundheit geht – ein Thema, das nun wirklich jeden betrifft.

- »Gesagt ist nicht gehört«: Wir hören bei vermeintlich anstrengenden Sachen einfach nicht hin.
- »Gehört ist nicht verstanden«: Wir verstehen allzu wissenschaftlichen Medizinjargon nicht, Infos rauschen am Ohr vorbei.

Carpe diem! Glück ist kein Dauerzustand – darum sollte man es genießen, wann immer man kann.

- »Verstanden ist nicht einverstanden«: Der Experte mag ja recht haben, aber wir kennen unsere eigene Situation schließlich besser.
- »Einverstanden ist nicht ausprobiert«: Wir lassen es bei guten Vorsätzen – zu viel um die Ohren …
- »Ausprobiert ist nicht beibehalten«: Wir haben zu wenig Geduld und Ausdauer. Bald sind wir wieder im alten Trott.
- »It needs pleasure to keep it up«: Es muss Spaß machen, damit es beibehalten wird – so hat T. George Harris, Herausgeber von »American Health«, unsere Schwierigkeiten auf den Punkt gebracht.

Versuchen Sie Ihr Glück

Redewendungen als Wegweiser: »Dem Glück auf die Sprünge helfen«, »Jeder ist seines Glückes Schmied«. Glück lässt sich nicht kaufen, nur erleben. Glück hat mit eigener Aktivität zu tun.

Glück: ein großes Wort. Glück – was ist das eigentlich? Ein Volltreffer in der Glücksspirale oder im Glücksspiel Liebe? Ein feines Abenteuer, ein sorgenfreies Leben, ein super Job, bei dem ich mag, was ich muss, und darf, was ich mag – also Selbstverwirklichung?
Glücksmomente. Manchmal nur ein Glas Wasser, wenn man durstig ist. Ein Sonnenaufgang, ein Vertragsabschluss, ein Lob, ein Geistesblitz, ein Kinderlachen. Die Amerikaner sagen: »The best things in life are free.« Kostenlose, einfache Freuden können die unterschiedlichsten Dinge sein:

- Ein Spaziergang bei Sonnenuntergang
- Ein gelungener Golfabschlag
- Ein erklommener Gipfel
- Eine Yogastunde
- Eine Berührung
- Ein Wettlauf mit dem Hund
- Eine richtig schön durchgezogene Tennisrückhand
- Ein Orgasmus

Glück kann man nicht kaufen, nicht erzwingen, nur erleben. Es sind nicht die seltenen, großen, sondern vielmehr die vielen kleinen Glücksmomente, die das Leben genussvoll machen. Sie zu empfinden – dazu muss man glücksfähig sein. Man muss sich wohl – auch wenn das ein bisschen sehr esoterisch klingt – dem Glück öffnen. Ein Satz, der vom Philosophen Kierkegaard stammt, führt vielleicht weiter: »Die Tür ins Reich des Glücks geht nach außen auf.«

Der Weg ist das Ziel

Das Gefühl von Glück hat viel mit Aktivität zu tun, mit Spontaneität, mit Lust auf Abenteuer, mit Leidenschaft und Hingabe. Im Handeln aufgehen, eigene Interessen ausleben, sich entfalten – auch das ist ein Schlüssel zum Glück. Und die kleine Schwester vom Glück – das ist das Wohlbefinden.

Warum spielen Millionen Schach? Warum tanzen wir? Warum besteigen wir Berge oder laufen um die Wette? Weil es erfüllt. Der Weg ist das Ziel. Und wenn der Weg zum Ziel mit Anstrengungen gepflastert ist, ist das Glücksgefühl umso größer – wenn man es dann schließlich erreicht hat.

Gesunde Lebensfreude

Gesundheit – Basis für ein glückliches Leben. Was der Philosoph Schopenhauer sagte, stimmt: »Gesundheit ist nicht alles, aber ohne Gesundheit ist alles nichts.«

Wohlbefinden und Gesundheit – sie hängen sehr eng zusammen und sind vor allem auch Einstellungssache. Genussfähigkeit, Gelassenheit, Sinn für die kleinen und großen Freuden des Alltags – »Menschen mit diesen Eigenschaften halten sich Krankheiten buchstäblich vom Leibe«, weiß Heiko Ernst. Wir sollten wieder lernen, wie wichtig die einfachen Dinge im Leben sind, die wir oft gering schätzen oder für die wir keine Zeit haben:

- Spielen
- Genießen
- Herumalbern
- Schmökern
- Faulenzen
- Schmusen

Schöne Klänge, verlockende Gerüche, delikate Speisen, angenehme Farben – all das kann für Körper und Seele große Lust bedeuten. Manche verbuchen Lustempfindungen bereits unter dem Begriff »neue Stimmungsmedizin«.

Auch für die Gesundheitsexperten Robert Ornstein und David Sobel (»Gesund durch Lebensfreude«) aus San Francisco ist es oberstes Gebot, stets allen Sinnesfreuden aufgeschlossen zu sein: »Jeder Mensch besitzt einen wirksamen inneren Gesundheitsregler, der vom Lustprinzip gesteuert wird.«

Rezepte für mehr Wohlgefühl

Wohlbefinden und Gesundheit – das ist Lebenskunst. Und diese Kunst lässt sich durchaus erlernen.

- Verwöhnen Sie sich selbst. Gönnen Sie sich, worauf Sie Lust haben, inklusive Süßem und Wein. Genießen Sie es – und behalten Sie die Kontrolle. FIT FOR FUN-Motto: »Morgens Müsli, abends Champagner.«
- Suchen Sie mehr Körperkontakt (liebevolle Berührungen, Massagen, auch erotische).
- Geben Sie sich Tagträumereien hin (bewusst die Natur betrachten und beobachten).
- Leben Sie mit den Jahreszeiten (im Frühling z.B. Spaziergänge und Gartenfeste, im Sommer Picknicks und Badespaß, im Herbst Windspiele und Spaziergänge, im Winter Kuscheln und Schneemänner bauen).
- Toben Sie mit Kindern.
- Tollen Sie mit Ihren Tieren (auch Einstein spielte mit seinem Hund).
- Nutzen Sie die segensreiche Hitze der Sauna häufiger (als heiße Wohltat für Körper und Seele).
- Pflegen Sie Hobbys (Töpfern, Schreinern, Malen, Gartenarbeit – egal, was. Das Geheimnis echter Erholung: etwas aus Muße tun, nicht weil es Geld bringt, sondern Spaß).
- Lachen Sie so oft wie möglich (Humor als Heilkraft – Lachen ist wirklich gesund).
- Weinen Sie, wenn Ihnen danach ist. Weinen entspannt, Tränen entfernen Giftstoffe aus dem Körper, Weinen sorgt für emotionale Balance.
- Ignorieren Sie die schlechte Meinung anderer Leute.
- Kultivieren Sie eine optimistische Lebenseinstellung.

Lassen Sie Ihren Gefühlen freien Lauf – die beste Voraussetzung, wenn Sie sich wirklich wohl fühlen wollen. Wohlbefinden ist eine Lebenskunst, die sich erlernen lässt.

Manchmal muss man ungewöhnliche Wege gehen, um sein Ziel zu erreichen. Dazu gehören auch Mut und Zuversicht – aber es lohnt sich.

Die Kraft des Optimismus

Eine Portion gesunder Optimismus kann ungeahnte Kräfte freisetzen. Optimisten sehen in jeder Krise eine Chance.

Kennen Sie die Fabel von den beiden Fröschen, die eines Nachts in zwei Krüge mit flüssiger Sahne fielen? Der eine jammerte nur, verdammte seine aussichtslose Lage – und ergab sich seinem Schicksal. Er ging unter.

Der andere Frosch dachte zunächst kurz über seine schlimme Situation nach und versuchte dann mit aller Kraft, den Rand des Krugs zu erreichen. Er strampelte und strampelte, rutschte aber immer wieder herunter. Aber er gab nicht auf. Er strampelte um sein Leben. Nach zwei Stunden wurde sein nimmermüder Einsatz belohnt. Plötzlich stand er auf festem Grund. Durch seine Strampelei hatte er die Sahne nämlich in Butter verwandelt. Mit einem Sprung gelangte der Frosch in die Freiheit.

Auch im richtigen Leben kann ein Schuss gesunder Optimismus ungeahnte Kräfte freisetzen. Man kann sich ruhig einmal für etwas abstrampeln. Sehen Sie sich z. B. einen Marathonlauf an. Das faszinierende Finish. Nach über 40 Kilometern liegen zwei Rivalen gleichauf.

Beide werden ihre letzten Reserven mobilisieren. Aber es gewinnt letztlich immer derjenige, der am meisten an seinen Sieg glaubt.
Optimisten betrachten die Welt nicht als feindliches Territorium. Nein, für sie ist alles eine Arena, in der sie zeigen können, was sie drauf haben. Optimisten sehen in jeder Krise auch eine Chance. Ein Optimist wie der amerikanische Journalist Norman Cousins (»Der Arzt in uns selbst – Wie Sie Ihre Selbstheilungskräfte aktivieren können«) hat es sogar geschafft, eine tückische Lähmung zu besiegen. Einzige Mittel seiner Therapie: Vitamin C in rauen Mengen – und Lachen. Optimisten leben länger, das bestätigt die Wissenschaft. Optimisten fühlen sich einfach wohler in ihrer Haut.

Lebensbejahung durch Aktivität

Mit relativ wenig Aufwand den größtmöglichen Erfolg erzielen – vor dieser Aufgabe stand einst der Sportphysiologe Professor Laurence Morehouse. Seine Aufgabe: Er sollte für die US-Raumfahrtbehörde NASA ein Fitnessprogramm entwickeln – zugeschnitten auf weltraumreisende Astronauten. Erstes Problem: Unterwegs haben sie wenig Zeit. Zweites Problem: Im Raumschiff ist wenig Platz.
Morehouse's maßgeschneidertes Übungsprogramm funktionierte. Fachleute bezeichneten es als effektiv. »Fitness«, sagt Morehouse, »ist 'ne Kleinigkeit.« Der Beweis ist also erbracht, dass tatsächlich bloß ein paar Minuten täglich nötig sind, um seine Leistungsfähigkeit voll und ganz zu erhalten.

»Wer denkt, dass er keine Zeit hat für Leibesübungen, wird früher oder später Zeit haben müssen für seine Krankheit.«
Edward Stanley, Earl of Derby

Das »Instandhaltungsprogramm« des Astronautenprofessors besteht aus fünf einfachen Anforderungen:

- Täglich mindestens einmal den Körper dehnen
- Täglich zwei Stunden aufrecht stehen
- Täglich ein großes Gewicht für fünf Sekunden hochheben
- Täglich mindestens drei Minuten rasch gehen
- Täglich 300 Kilokalorien durch körperliche Tätigkeit verbrennen

Das sind Anforderungen, die sich bequem in den Alltag einbauen lassen, oder? Wenn wir schon bei Grundregeln sind: Noch drei, die auf Dauer Ihr Wohlbefinden verbessern:

- Nie liegen, wenn Sie sitzen können
- Nie sitzen, wenn Sie stehen können
- Nie stehen, wenn Sie sich bewegen können

Medizin, die es nicht in der Apotheke gibt. Und die weitaus billiger ist. Bei regelmäßiger Anwendung ist der Erfolg garantiert – ohne Nebenwirkungen.

Zwölf Wohltaten für Körper und Seele

1. Klangbad für Körper und Seele Legen Sie sich mal auf den Fußboden, Kissen in den Nacken, Füße Richtung Lautsprecher. Entspannen Sie sich. Stellen Sie sich vor, die Musik sei Wasser, das Sie umspült. Klangbäder funktionieren, unser Körper reagiert wie eine Membran.

2. Stimmungsmacher Musik Rock, Pop, Jazz, Schnulze, Klassik, Beethoven, Bocelli, Blümchen oder Boyzone – Musik kann Sie aufrichten, besänftigen, Ihre strapazierten Nerven streicheln, Sie in Harmonie mit Ihrem Körper bringen.

3. Meditieren per Walkman Ruhig mal eine dieser Entspannungskassetten (»Garten der Stille«, »Meer«, »Wolkenflug«) ausprobieren. Beim Spaziergang oder daheim auf dem Sofa.

4. Ein Kräuterteetag pro Woche Die Natur als Lieferant für Gesundheit und gute Gefühle. Ein paar Beispiele: Brennnessel und Birkenblätter reinigen, Passionsblume entstresst, Spitzwegerich und Taubnessel beruhigen gereizte Haut.

5. Täglich eine Biobombe Apfel »An apple a day keeps the doctor away« – da ist was dran. Äpfel sind Vitaminpillen im Großformat. Doch Apfel ist nicht gleich Apfel. Die gesündesten: Boskop, Jonagold, Gloster, Cox Orange.

6. Johanniskraut, Allzweckmittel für mehr Lebensfreude Bei Depressionen, Schlafstörungen, Nervosität – die Heilpflanze wirkt beruhigend, angstlösend, entspannend, stärkend. Johanniskraut gibt es als Tee, Öl, Saft oder in Form von Dragees. Sie können es aber auch selbst anbauen.

7. Zink macht müde Männer munter Wenn Ihr Körper mit Zinkmangel zu kämpfen hat, nimmt die Lust auf Sex und auch die Qualität der Spermien ab. Gute Zinklieferanten sind beispielsweise: Garnelen, Lachs, Buttermilch, Pinienkerne, Vollkornreis, -nudeln und -brot.

8. Jod ist gut Die Schilddrüse ist unser Gute-Laune-Produzent; dafür braucht sie aber ausreichend Jod (täglich 100 Mikrogramm). Tauschen Sie Ihr gewöhnliches Speisesalz deshalb gegen Jodsalz aus.

Zwölf Wohltaten für Körper und Seele

9. Mehr Salz auf unsere Haut Ein Meerwasserbad (daheim in der Badewanne) ist wie ein Kurzurlaub. Dankbar nimmt die Haut Mineralsalze und Spurenelemente auf und wird dadurch straffer. Meersalz gibt es als Badezusatz, das hochkonzentrierte Salz des Toten Meers ist in Apotheken erhältlich.

10. UV-Strahlen als Stimmungsaufheller Besonders an grauen Tagen fehlt uns ein Quantum Licht. Sie sollten sich's holen. Auch die kurzwelligen UV-B-Strahlen auf der Sonnenbank stärken Ihr körpereigenes Abwehrsystem und bringen Kreislauf und Laune auf Touren.

11. Kopf hoch, Bauch rein! Durch falsche oder allzu lässige Haltung können sich Verspannungen verstärken, Muskeln und Bänder verkürzen. Also: Kontrollieren und korrigieren Sie dann und wann Ihre Haltung – es lohnt sich. Beim Gehen: Kopf gerade, Blick geradeaus, Arme schwingen entgegengesetzt zu den Schritten. Im Stehen: immer mal die Pobacken zusammenkneifen, entspannen. Das richtet den Rücken auf und streckt den Bauch gleich mit. Im Liegen: flach auf den Rücken, Arme seitlich am Körper, Schultern aufs Bett pressen. Fünf Sekunden halten, lösen – zehnmal wiederholen.

12. Bekennen Sie Farbe Farben wecken Assoziationen, schaffen Atmosphäre und haben Heilkräfte. Folgende Psychokraft wird ihnen zugeschrieben:

- *Blau:* Ruhe, Sehnsucht, Vertrauen – himmlisch, klar, weit
- *Grün:* Wachstum, Harmonie, Frische – natürlich, lebendig
- *Gelb:* Licht, Blumenduft, Gold – heiter, sonnig, sauer
- *Orange:* Wärme, Erotik, Fraulichkeit – strahlend, reif, warm
- *Rot:* Energie, Liebe, Mut – aktiv, dynamisch, kräftig
- *Violett:* Mystik, Spiritualität – ungewöhnlich, intim, feierlich
- *Braun:* Holz, Leder, Tabak – erdig, einfach, behaglich
- *Weiß:* Unschuld, Weisheit, Leere – sauber, klinisch, hell
- *Grau:* Asche, Mäuse, Alter – dezent, konservativ, unauffällig
- *Schwarz:* Rückzug, Erotik, Geheimnis – markant, professionell, edel

Gerade Haltung, Gehen in der Sonne, bunte Farben tragen – Kleinigkeiten mit großer Wirkung auf die Psyche.

Bewegung – das neue, alte Zaubermittel

Die Folgen von Übergewicht für die Gesundheit sollte man nicht unterschätzen: Schleppt man zu viel Fett mit sich herum, kann dies das Herz-Kreislauf-System und die Gelenke beeinträchtigen.

Bewegung ist der Schlüssel zu allem. Bewegung ist eigentlich ein Urinstinkt – zum gesunden Leben. Sie kann so vieles heilen: von Übergewicht bis Rückenschmerzen, sogar Depression und Sucht.
In einer Titelgeschichte (»Beweg dich – gesund, schlank und gut drauf«) bejubelte das Magazin »Stern« Bewegung als »Zaubermittel gegen viele Zivilisationskrankheiten. Aktive verlieren Pfunde, gewinnen Laune und Gelassenheit.«
Und dies sind die Wohltaten, die Sie sich von regelmäßiger Bewegung durch sportliche Aktivität erhoffen können:

- Das Herz wird größer und leistungsfähiger, der Körper wird besser mit Nährstoffen versorgt, der Ruhepuls sinkt.
- Die Atmung wird tiefer und kräftiger, die Lungenkapazität verbessert sich deutlich.
- Die Muskeln werden besser durchblutet.
- Die Knochen, Gelenke und Bänder werden stärker.

Sich regen bringt Segen. Es gibt unzählige verrückte und weniger verrückte Sportarten; probieren Sie aus, was Ihnen am meisten Spaß bringt.

- Das Gehirn wird besser durchblutet, das Denken geht schneller.
- Der Stoffwechsel arbeitet schneller.
- Die Körperhaltung wird eleganter, das Körpergefühl besser.
- Die Verdauung klappt zuverlässig.
- Man empfindet weniger Stress.
- Das Immunsystem (Abwehrkraft) wird gestärkt.
- Der Schlaf wird tiefer, erholsamer.
- Die Willenskraft wird geschult und gestärkt.
- Man hat mehr Spaß am Sex.
- Das Wohlbefinden verbessert sich, die Lebensfreude steigt.

Der Fitnessguru Toni Mathis aus Feldkirch (Österreich) bestätigt: »Über Sport, richtig dosiert, erreicht man ein Langzeitwohlgefühl, das in alle Bereiche des Lebens ausstrahlt.«

Es ist nie zu spät

Prominentes Beispiel: Joschka Fischer, Fraktionsvorsitzender der Grünen im Bundestag. Als er von seiner Frau verlassen wurde, fiel er zunächst in ein tiefes Loch. Er zog Bilanz: Mann über der Lebensmitte. Auf Selbstzerstörungstrip. Er war dick und kurzatmig. Nachts wurde er mit Herzschmerzen wach und hatte panische Angst.
Er strampelte und strampelte in der Tretmühle des politischen Lebens. Und dann diese schwere Lebenskrise. »Ich sagte mir: untergehen oder leben. Jetzt oder nie.«
Er verordnete sich einen »notwendigen Egotrip«. Er kümmerte sich wieder um sich. Mit Laufen fing es an. Zu Beginn hielt er, der als Jugendlicher mal Radrennfahrer war, bloß 500 Meter durch. Aber er steigerte sich von Tag zu Tag. Nach drei Monaten schon zwei Kilometer, inzwischen sind zehn Kilometer, fünfmal pro Woche, Routine. Längst träumt Joschka Fischer von einem Marathon. Zweimal wöchentlich geht er ins Fitnessstudio. Er hat über 30 Kilogramm verloren. Zum Frühstück presst er Orangensaft, isst Äpfel und Bananen. Mittags auch nur Obst. Abends viel Fisch, Mediterranes. Kaum mehr Fleisch. Genussmensch Fischer: »Ich bin jetzt voll da, ich habe endlich wieder ein positives Körpergefühl.«

Gefährlicher Übereifer: Wer sich anfangs zu viel zumutet, kann leicht die Lust verlieren – weil das Erfolgserlebnis fehlt. Fitnesseinsteiger sollten langsam beginnen und ihr Pensum dann allmählich steigern.

Bewegung ist Leben

»Durch Bewegung kann man fast jede Gesundheitsstörung therapieren«, sagt Klaus-Michael Braumann, Professor für Sportmedizin an der Universität Hamburg. »Der Mensch ist nun mal für Bewegung geschaffen. Der Körper braucht sie von der Organstruktur her – heute wie vor zwei Millionen Jahren. Bewegung ist Leben.«

Wir müssen zunächst einmal einsehen: Als faule Hunde sind wir eine Fehlkonstruktion. Wir sind nicht dazu geschaffen, nichts zu tun. Unser Lebensstil hat sich in den letzten Jahren zwar dramatisch geändert, aber nicht unser Erbgut.

Bewegung – Teil unseres Betriebsplans

Der Boom der Muskelbuden: Millionen verschaffen sich im Fitnessstudio Bewegung. Eine Oase, um neue Kraft zu tanken.

Während der gesamten Menschheitsgeschichte mussten Menschen für ihren Lebensunterhalt schwer schuften. Sie mussten jagen, Beute schleppen, pflügen, Behausungen bauen, Holz hacken, Nahrung sammeln – sie waren immer unterwegs, immer war Action. Noch vor 100 Jahren war der Mensch mit seiner Muskelkraft zu 90 Prozent am so genannten Gesamtenergieaufkommen beteiligt.

Heute ist diese Marke unter ein Prozent gerutscht: Maschinen haben uns die Arbeit abgenommen. Doch im Betriebsplan des Gesamtstoffwechsels ist weiterhin Bewegung vorgesehen – und auch notwendig. Nur durch Bewegung kann das Herz-Kreislauf-System optimal und reibungslos funktionieren. Ohne Bewegung gerät das Herz, dieser unermüdliche, faustgroße Muskel und Motor unseres Lebens, gewissermaßen in Sauerstoffnot. Die Notwendigkeit, sich bewegen zu müssen, haben unsere Urväter in eine einfache Formel gepackt: »Sich regen bringt Segen.«

Bleiben Sie in Schwung

Ein wichtiger Appell: Verzichten Sie auf allzu viel Bequemlichkeit. Das wird sich für Sie auszahlen. Sie werden wirklich reichlich belohnt. Manchmal sind es nämlich nur lächerliche Kleinigkeiten, die sich leicht ändern lassen.

- Auf dem Weg zur Arbeit: Lässt es sich einrichten, dass Sie mit dem Fahrrad fahren? Wenn Sie auf öffentliche Verkehrsmittel angewiesen sind: Könnten Sie ein Stück zu Fuß gehen (oder auch eine Station früher aussteigen)?

Pack die Badehose ein! Warum nicht mal gesundes Wassertreten in ein schwungvolles Tänzchen verwandeln?

- Verzichten Sie – wenn es geht – bei Besorgungen aufs Auto. Benutzen Sie lieber Ihre Füße oder das Fahrrad.
- Stehen Sie in Bus oder Bahn, statt zu sitzen.
- Gehen Sie Treppen, statt Fahrstühle zu nehmen.
- Nehmen Sie zwei Stufen auf einmal.
- Stehen und gehen Sie beim Telefonieren (das fördert zudem das klare Denken).
- Stehen Sie zwischendurch immer mal auf, vertreten Sie sich Ihre Beine. Wippen Sie auf Ihren Zehen.
- Stehen und gehen Sie, wenn Sie etwas vortragen sollen (beispielsweise auf Konferenzen).
- Nutzen Sie die Mittagspause zu einem Spaziergang.
- Gehen Sie zwischendurch mal ein paar Minuten in höherem Tempo (Walking).

Das Schlimmste, was einem gesunden Körper passieren kann, ist, dass er nicht trainiert wird. Dabei kann es so einfach sein, sich im Alltag Bewegung zu verschaffen.

No sports?

Sicher kennen Sie folgende Anekdote, mit der Englands Premierminister Sir Winston Churchill (1874–1965) die Weltgeschichte bereicherte. Seine Antwort auf die Frage, warum er, der Genießer (Zigarren, Wein), sich so lange so gut gehalten habe: »No sports.«

Reine Legende. Churchill war nämlich absolut kein Sportfeind. Ganz im Gegenteil. Er war ein begeisterter Sportsmann: Reiter, Schwimmer, Jäger, Angler.
No sports? Von wegen. Selbst Churchill bewegte sich bis ins hohe Alter, er ging fischen und jagen. Bewegung hat ihn fit gehalten.

Positives Lebensgefühl durch Fitness

Fitness ist zum Synonym für Gesundheit und Leistungsfähigkeit geworden. Fitness stärkt auch die Psyche: Wer volle Batterien hat, ist seltener geladen.

Fitness, dieses Zauberwort. Vielleicht sollten wir uns immer wieder mal in Erinnerung rufen, was das eigentlich heißt, fit zu sein. Nein, Fitness kann man nicht mit dem Meterband messen. Fit ist auch nicht nur das Gegenteil von fett. Fitness ist zum Synonym für Gesundheit geworden. Stimmt, Fitness ist dieses positive Lebensgefühl, fit sein heißt, körperlich und geistig aktiv zu sein.
Der Begriff »Fitness« hat eine ungeahnte Aufwertung erfahren. Vor gar nicht langer Zeit verlor sich das angelsächsische Lehnwort im Lexikon. Zwischen »Fistelstimme« und »Fitch, John, amerik. Erfinder« fand sich diese Erklärung: »fit (engl.: tauglich, fertig): der Zustand eines Rennpferdes, das im Rennen seine Höchstleistung zeigen kann; allgemein: leistungsfähig, in Form« (dtv-Lexikon, Band 6).
Inzwischen hat man sich auf folgende Definition geeinigt: »Fitness ist die Lebenstauglichkeit des Menschen sowie dessen aktuelle Eignung für beabsichtigte Handlungen.« Gesund an Körper und Geist einerseits also – und alle Kräfte auf eine Sache konzentrieren andererseits. Die Gesundheit, die Energie, steht an vorderster Stelle bei der Vorstellung von einem fitten Menschen.
Allerdings bedeutet das natürlich mehr als Muskelstärke und ein leistungsfähiges Herz-Kreislauf-System. Der Faktor »Fitness« setzt sich zusammen aus:

- Ausdauer
- Kraft
- Beweglichkeit

Erfolgreich dank Fitness

Fitness – die neue Lebensphilosophie des Zeitgeistmenschen. Fitness, schwärmt das Magazin »Focus«, »vereinigt Körper und Seele zum erfolgreichen Team.«
Wie einst schon bei den alten Griechen und Römern. Damals wurde von Juvenal dieser Spruch »Mens sana in corpore sano« geprägt, der dann von vielen Generationen als Leitmotiv benutzt wurde: In einem gesunden Körper steckt auch ein gesunder Geist. Des Dichters Worte sind freilich unvollständig übernommen. Er schrieb nämlich genau genommen: »Orandum est ut sit mens sana in corpore sano« (»Es ist zu wünschen, dass in einem gesunden Körper ein gesunder Geist stecken möge«).
Wie auch immer: Längst ist Fitness ein neues Statussymbol – und auch ein wichtiger Karrierefaktor. Manche meinen, das »Ideal der Fitness« setze sich »erbarmungslos« durch. In einem Büchlein mit dem pragmatischen Titel »Sport ist Mord« kritisiert der Sportphilosoph Volker Caysa: Wie ein Mensch heute körperlich erscheint, bestimmt, was man von ihm hält und welche Chancen ihm eingeräumt werden. »Wer nicht fit ist, wer nicht sportlich-jugendlich auftritt, beweist, dass er nicht in der Lage ist, sich selbst zu beherrschen und demzufolge auch nicht das Recht haben sollte, andere zu beherrschen.« Eine extreme Position.

»Körperliche Leistungsfähigkeit ist nicht nur sehr wichtig für einen gesunden Körper. Sie ist auch die Voraussetzung für geistige Kreativität.«
US-Präsident John F. Kennedy

Fitness – Voraussetzung für Kreativität

Längst wird allerorts anerkannt, was John F. Kennedy schon in den sechziger Jahren gesagt hat: »Körperliche Leistungsfähigkeit ist nicht nur sehr wichtig für einen gesunden Körper. Sie ist auch die Voraussetzung für geistige Kreativität.«
Menschen, die fit sind, haben auch eine positive Ausstrahlung – und eine entsprechende Wirkung auf andere. Kennen Sie ebenfalls solche Menschen? Die betreten ein Zimmer – und der Raum ist voll. Nein, das hat nichts mit Leibesfülle zu tun. Sie fallen auch nicht auf, weil sie arrogant oder affektiert auftreten. Sie wirken irgendwie ganz selbstverständlich. Selbstsicher. Selbstbewusst. Sie haben einfach Ausstrahlung. Ein starker Typ, denken oder sagen wir dann. Eine Persönlichkeit. Möchte nicht insgeheim jeder so wirken?

Strampeln Sie sich mal so richtig ab – das hält sowohl Körper als auch Seele fit.

Die drei Säulen der Fitness

Außer der körperlichen Bewegung sind für ein gutes Wohlbefinden auch Ernährung und regelmäßige Entspannung wichtig.

Gesundes Selbstwertgefühl ist eine großartige Sache. Wenn wir uns rundum ungezwungen, ausgeglichen, aufgeschlossen, entspannt fühlen. Wenn wir bewusst leben. Wenn wir positiv gepolt sind. Wenn wir eine gewisse Selbstdisziplin haben und aktiv sind. Körperliche Fitness ist dafür die beste Basis. Körpergefühl und Selbstbewusstsein hängen eng zusammen. Die drei Säulen der Fitness sind:

- Bewegung
- Ernährung
- Entspannung

Es hat über 20 Jahre gedauert, bis sich der Fitnessgedanke hier zu Lande wirklich durchgesetzt hat. Inzwischen gibt sogar mehr als die Hälfte der Bundesbürger an, sich regelmäßig körperlich zu betätigen – das ergab eine Umfrage des Allensbach-Instituts. Nicht mal zehn Jahre hat es gedauert, bis sich eine sanfte Form von Fitness etabliert hat: Wellness.

Was ist das eigentlich – Wellness?

Der Begriff ist in aller Munde, steht aber in keinem Wörterbuch. Viele glauben: Wellness – auch das sei wieder so ein heldenhafter Kampf gegen Übergewicht, die tägliche Suche nach einer Portion Askese. Das stimmt so nicht.

Die Verlagsgruppe Milchstraße (FIT FOR FUN, »TV Spielfilm«, »max«) hat unlängst den Begriff fassbar gemacht. Die Marketingabteilung untersuchte das Wellnesspotential. Das Ergebnis ihrer Umfrage verblüfft. Denn es ist erstaunlich, wie viele auf dem Wellnesstrip sind: 6,28 Millionen Personen im Alter von 18 bis 49 Jahren – immerhin jeder Fünfte dieser Altersgruppe. Bemerkenswert auch, dass sich ebenso viele Männer wie Frauen (Status: »sehr gute Schulbildung und deutlich gehobenes Haushaltsnettoeinkommen«) für Wellness und alles, was dazugehört, interessieren.

Was den Wellnessfans wichtig ist

- »Mein Ziel ist es, Körper und Seele in Einklang zu bringen.«
- »Ich lege Wert darauf, die Dinge grundsätzlich lösungsorientiert und positiv zu sehen.«
- »Es ist mir besonders wichtig, viel für meine Gesundheit zu tun.«
- »Ich achte ganz bewusst auf gesunde, ausgewogene Ernährung.«
- »Ich versuche, mich durch regelmäßige sportliche Betätigung fit zu halten.«
- »Ich bin sehr interessiert an Gesundheitsfragen.«
- »Ich würde mich als Genießer bezeichnen.«
- »Ich genehmige mir ab und zu einen guten Tropfen.«
- »Ich achte auf Kalorien.«
- »Ich verwende sehr häufig bis häufig Vitamine/Mineralien.«
- »Ich bin sehr interessiert an Naturkosmetik.«
- »Ja, ich treibe Sport zur Entspannung/fürs Körperbewusstsein/zum Stressabbau.«

Machen Sie den Test: Können Sie den nebenstehenden Aussagen mehrheitlich zustimmen? Dann sind auch Sie ein Wellnesstyp – vielleicht ohne es sich bisher bewusst gemacht zu haben.

Erkennen Sie sich wieder? Das sind Statements, die inzwischen mehrheitsfähig geworden sind. Sie zeigen sehr gut, wie sich die innere Einstellung vieler Menschen gewandelt hat. Der Wunsch nach Wohlbefinden wächst. Und auch die Bereitschaft, etwas dafür zu tun. Wohlbefinden ist für viele inzwischen mehr als ein Lebensgefühl geworden. Wohlbefinden ist ein Lebensstil (Motto: »Tu dir Gutes! Gönn' dir was!«), der umfassend ist:

- Gesunde Ernährung
- Körperliche Fitness
- Natürliche Schönheit
- Ausgeglichene Psyche

Lebensfreude – täglich neu

Tip für den langen Weg zum großen Glück: die kleinen Freuden genießen. Positiv aufnehmen, was täglich passiert. Offen sein für alle Erlebnisse.

»Freude – das Gefühl, das durch Wohlbefinden erzeugt wird. Vergnügen. Wonne. Wirklich gücklich sein. Wahre Wellness ist die Fähigkeit, täglich neu eine freudige Einstellung zum Leben zu erzeugen.« Es klingt ziemlich pathetisch, was der amerikanische Autor Greg Anderson in seinem Buch »Wellness – 22 Regeln zum Glücklichsein« verfasst hat. Er wirbt für wichtige Einsichten:

- Das Prinzip der inneren Einstellung: Ich sollte bereit sein, stets nach den kleinen, kostbaren Freuden zu suchen.
- Das Prinzip der persönlichen Verantwortlichkeit: Ich selbst, nur ich bin für mein Wohlbefinden zuständig.
- Das Prinzip der Einheit von Körper, Geist und Seele: Alles, was ich tue, denke, fühle und glaube, wirkt sich auf mein Wohlbefinden aus.

Wellnessvordenker Anderson verdankt diesen neuen Einsichten sogar sein Leben. Man hatte ihm noch 30 Tage gegeben. Diagnose: Lungenkrebs. Die konventionelle Medizin konnte nichts mehr für ihn tun. »Diese Wellnessregeln aber holten mich von der Schwelle des Todes zurück.«

Sauna – heiße Wohltat für Körper und Seele

Es war verdammt heiß. Ganz Paris träumte von Kühlung. Fast 40 °C im Schatten an jenem Julitag im Jahre 1924, als der olympische Querfeldeinlauf (10000 Meter) auf dem Programm stand. Die Teilnehmer litten; die meisten befanden sich am Rande des Zusammenbruchs. Nur Nurmi nicht. Der Finne schien locker wie gewohnt, trotzte der Hitze, gewann überlegen Gold. Als man das Laufwunder nach dem

Die pure Lust in der Sauna: Wenn der Schweiß in Strömen fließt, werden Giftstoffe aus dem Körper geschwemmt und Wohlfühlhormone produziert.

Geheimnis seiner Frische fragte, murmelte der wortkarge Paavo Nurmi lediglich das Wort »Sauna«.
Wen wundert es, wenn damals heiße Spekulationen um das Wirken des Heißluftbads nach finnischer Art kursierten. Längst wissen wir, dass eine unmittelbare Leistungssteigerung im Sport durch Sauna allein nicht zu erreichen ist. Saunieren

- Baut Stresshormone ab
- Wirkt entspannend und erfrischend
- Wirkt reinigend und entschlackend

Regelmäßige Schwitzkuren in der Sauna entschlacken, entspannen, erfrischen – und helfen wirkungsvoll gegen Stress.

Die Selbstheilungskräfte aktivieren

Durch das Saunieren wird auch der Serotoninspiegel erhöht. Serotonin ist ein Hormon, das für Entspannung und Schlaf zuständig ist. Nein, in der trockenen Hitze (80 bis 95 °C bei 15 Prozent relativer Luftfeuchtigkeit) schmelzen keine Fettpölsterchen. Doch mit dem Schweiß (ein halber bis ein Liter pro Gang) entledigt sich der Organismus überflüssiger Schlacken und entgiftet das Gewebe.

Ein kräftiges »löylyö«! Kalte Güsse nach jedem Saunagang bringen die Körperabwehr so richtig auf Touren.

Sauna ist finnisch und heißt Schwitzstube. In den skandinavischen Ländern hat nahezu jeder Haushalt so eine Holzkabine, um sich richtig einzuheizen.

- Der Wechsel zwischen Hitze und abruptem Temperatursturz wirkt wie ein Training für die Blutgefäße.
- Der Stoffwechsel kommt auf Touren.
- Die Hautdurchblutung wird verbessert.
- Der Puls kann um bis zu 50 Prozent steigen, ohne das Herz allzu sehr zu strapazieren (in der Hitze sind die Gefäße erweitert).

Durch Saunabaden lernen die Blutgefäße also wieder jene Wärmeregulierung, die durch Kleidung oder Klimaanlagen häufig verloren gegangen ist – genauso wie die Abwehrkräfte gestärkt werden.

Richtig saunabaden leicht gemacht

Der Badespaß wird nur dann zur Wohltat total, wenn Sie die zehn Saunaregeln beachten:

1. Ein Saunabad braucht Zeit – mindestens zwei Stunden stressfrei.

2. Gehen Sie weder hungrig noch mit vollem Magen in die Sauna.

3. Duschen Sie vorher, trocknen Sie sich ab, denn trockene Haut schwitzt schneller. Ein warmes Fußbad erleichtert das Schwitzen.

4. Halten Sie sich kurz, aber intensiv in der Saunakabine auf: Acht bis zwölf Minuten reichen völlig. Optimal: zwei bis drei Gänge. Zwischendurch Wasseraufgüsse – »löylyö« auf finnisch.
5. Ein bis zwei Minuten vor dem Verlassen der Saunakabine aufrecht hinsetzen, damit sich der Blutkreislauf stabilisieren kann.
6. Abkühlen beginnt an der frischen Luft. Ein Kaltwasserguss mobilisiert den Kreislauf.
7. Warme Fußbäder, dann nochmals abkühlen – das verstärkt das Gefäßtraining enorm.
8. Während des Saunabads sollten Sie nichts trinken, weil sonst der Effekt des Entschlackens weitgehend verloren geht.
9. Nach der Sauna sind weitere Belastungen tabu.
10. Wer mehrmals in der Woche saunabadet, kann das Ritual auf zwei oder nur einen Gang reduzieren.

Warum Lachen wirklich so gesund ist

Wer lacht, gewinnt. Herzhaftes Lachen – eine geradezu geniale Leibesübung und bestens geeignet für die Stärkung des Immunsystems.

Auch wenn es banal klingt, es stimmt: Lachen ist die beste Medizin. »Die Ankunft eines guten Clowns ist für die Gesundheit einer Stadt wertvoller als 30 mit Medikamenten beladene Esel«, diagnostizierte Dr. Thomas Sydenham bereits im 17. Jahrhundert.
Wissenschaftlich ausgedrückt, klingt Lachen geradezu lächerlich: »Ein psychophysiologischer Reflex, ein stoßweises, rhythmisches, spasmodisches Ausatmen mit offener Stimmritze und vibrierenden Stimmbändern, oft einhergehend mit Entblößen der Zähne und Grimassen.« Dennoch: Kräftiges Lachen – wenn Ihnen die Puste wegbleibt, wenn Sie sich den Bauch halten und Ihnen Tränen in die Augen schießen –, so ein Lachen ist eine geradezu geniale Leibesübung. Durch herzhaftes Lachen wird

- Die Gesichts-, Schulter-, Zwerchfell- und Bauchmuskulatur nach Kräften mobilisiert
- Der Herzschlag beschleunigt
- Der Blutdruck erhöht
- Die Atmung schneller
- Die Sauerstoffzufuhr ins Blut verbessert
- Die Entspannung gefördert
- Das Immunsystem gestärkt
- Die Stimmung gehoben

Wer lacht, gewinnt. Lachen vertreibt Angst und Kummer aus unserem Leben. Lachen ist die beste Kläranlage für das Miteinander. Der Humor, sagte einst der Dichter Joachim Ringelnatz, ist der Knopf, der verhindert, dass uns der Kragen platzt.
Für Professor Dr. Gerhard Uhlenbruck, Direktor des Instituts für Immunbiologie an der Universität Köln, ist Lachen wie »inneres Jogging«: Der Lachende wie auch der Läufer schalten ab, gewinnen deutlich an Stressresistenz, fühlen sich in gewisser Weise high und happy. Zudem werden eine ganze Reihe von für das Nervenkostüm wichtigen Neurotransmittern und Substanzen aus der Endorphinfamilie mobilisiert. Das stärkt die Abwehr derart, dass Infektionen und sogar Krebserkrankungen weniger Chancen haben, sich durchzusetzen.

Alle sprechen nur vom Dickmacher Schokolade (ganz abgesehen davon, dass sie Löcher in die Zähne frisst) – kaum einer kennt die ganze Palette ihrer Wirkung. Schokolade entspannt, regt an, wärmt und sorgt für gute Stimmung.

Stimmungsbombe Schokolade

Warum trösten sich so viele Verlassene, Einsame, und Gestresste mit Süßigkeiten, vor allem mit Schokolade? Warum schätzten schon die Azteken Schokolade als Gabe der Götter? Warum fördert die süße Verführerin tatsächlich so sehr das Wohlgefühl? Der Ernährungswissenschaftler Udo Pollmer benennt in der Schokolade sechs Wohlfühlstoffe:

- Zucker hebt den Serotoninspiegel im Gehirn (von diesem Entspannungshormon wird also mehr produziert).
- Kakaobutter wirkt auf ähnliche Weise.
- Kakao steuert den Wonnestoff Koffein und ähnliche Substanzen (Theophyllin, Theobromin) bei.
- Das als »Liebeschemikalie« bekannte Phenylethylamin entsteht beim Fermentieren der Kakaobohnen.
- Beim »Conchieren« (wenn Kakao und Zucker viele Stunden bei milder Wärme für den Schmelz der Schokomasse verrieben und verknetet werden) bilden sich aus Aminen Opiate.
- Milchpulver enthält so genannte Exorphine, die auch stimmungsaufhellend wirken.

Nein, zu den allergesündesten Genussmitteln (viel Zucker, viel Fett, viele Kalorien) gehört Schokolade sicher nicht. Aber ganz darauf verzichten – von wegen. Mäßigung, nicht Martyrium!

Die Kunst zu genießen

Ständig versuchen wir, irgendwelchen Idealen hinterherzulaufen: Schönheitsidealen, klugen Köpfen, kreativen Leuten, die es besser machen als wir selbst. Nicht nötig!
Wir können uns viel besser verwirklichen, wenn wir aus uns herausholen, was in uns steckt. Stärken finden, Schwächen erkennen – das gehört auch zu einer positiven Einstellung sich selbst gegenüber.
Ein Beispiel: die Ernährung. Wozu sich mit Diätplänen quälen, wenn sich nach einer durchfasteten Woche doch nur binnen drei Tagen alle verlorenen Pfunde wieder melden – und einem die Hoffnungen auf einen Sommer ohne Bauch endgültig nehmen.

Schon Goethes Arzt, Christoph Wilhelm Hufeland, vertrat die Ansicht: Mäßigung ist das Wichtigste bei der Ernährung (wie im Leben überhaupt) – dann ist (fast) alles erlaubt, was gefällt.

Bewusst schlemmen

Viel besser als die ritualisierten Selbstkasteiungen beim Essen ist es, sich grundsätzlich gesund zu ernähren. Müsli, viel Obst, viel Gemüse, Vollkorn, viel trinken. Vitamine, Ballaststoffe, Flüssigkeit satt. Und essen, was schmeckt. Essen muss Spaß machen, der Genuss ist wichtig für die Nahrungsaufnahme. Weil man mit dem Essen Stoffe im Körper aktiviert, die u.a. auch fürs Wohlbefinden sorgen (z.B. Hormone und andere Wirkstoffe).
Ein paar Regeln gilt es beim Essen mit Lust und Laune allerdings doch zu beachten:

- Mäßigung ist immer von Vorteil: nichts bis zur Übelkeit in sich hineinstopfen.
- Hören Sie auf Ihren Körper: was er mag und wogegen er Widerwillen zeigt.
- Essen und trinken Sie mit gesundem Menschenverstand.
- Genießen Sie bewusst (lassen Sie die wohligen Gefühle beim Zerschmelzen der Schokolade auf der Zunge zu).
- Hören Sie auf zu essen, wenn Sie satt sind (und nicht, wenn der Teller leer ist).
- Gefährlich ist nur, womit wir unvernünftig umgehen, z.B. bei schlechten Leberwerten trotzdem Alkohol trinken. Dann schaden wir unserer Gesundheit, nicht dem Wohlgefühl.
- Wenn wir unserer inneren Stimme wieder hörig werden, signalisiert uns der Körper deutlich, was er jeweils braucht oder was ihm zu schaffen macht. Bei bewusster Wahrnehmung ist er Ihr bester Berater.

WIE SIE NEUE ENERGIE GEWINNEN

Energie ist unser Treibstoff. Energie ist unsere Lebenskraft. Ohne Energie läuft nicht viel. Nur wenn wir genug davon haben, können wir klar denken und handeln und unsere Ziele erreichen. Nur wenn wir genügend Energie haben, können wir all die Dinge anpacken und durchziehen, die uns wichtig sind oder die gemacht werden müssen. Nur wenn wir auch in schwierigen Situationen genügend Energie haben und mobilisieren können oder es gar schaffen, neue aufzubauen, bekommen wir auch unser Leben in den Griff. Aber das ist leichter gesagt als getan. Nur, wenn man sich wieder auf sich selbst und seinen Körper besinnt, kann man diese Ressource auch wirklich für mehr Lebensqualität nutzen.

Wir denken gar nicht darüber nach, was in unserem Körper automatisch passiert, wie er uns am Leben erhält. Aus diesen Körperfunktionen heraus können wir aber auch unsere Energie schöpfen.

Wir bekommen unser Leben nur in den Griff, wenn wir auch in schwierigen Situationen genügend Energie haben – oder es schaffen, schnell neue Energie aufzubauen.

Was unser Körper alles leistet

- Den Herzschlag regulieren
- Die Atmung in Gang halten
- Die Gehirnfunktionen steuern
- Die Betriebstemperatur halten
- Die Nahrung verdauen
- Den Blutfluss gewährleisten
- Die Organe reinigen
- Die Zellen erneuern
- Den Blutzuckerspiegel konstant halten
- Das Immunsystem regeln
- Das Nervensystem steuern
- Die Sinnesorgane funktionsfähig halten
- Die Muskelfunktionen koordinieren

Stress und Energie

Wenn man von Stress spricht, meint man in der Regel den negativen Disstress, der sich belastend und blockierend auf die Psyche auswirkt.

Kennen Sie auch solche Menschen, die scheinbar über grenzenlose Energie verfügen? Die noch bis ins hohe Alter unglaublich aktiv und belastbar sind? Der Violinvirtuose Yehudi Menuhin (Jahrgang 1916) ist so ein Beispiel. Oder Luis Trenker, der noch als 90-Jähriger mitreißend von seiner Passion, den Bergen, schwärmte und selbstverständlich auch noch welche bestieg.
Was können wir von diesen Menschen lernen? Sie leben ein wichtiges Prinzip vor: Was uns begeistert, fällt uns leichter. Wenn wir etwas mit Freude und Spaß tun, kostet uns das offenbar weniger Energie und gibt zusätzlichen Elan.
Das Gegenteil passiert bei Stress, bei ständiger Überforderung, wenn wir uns unnötig unter Druck setzen, unrealistische Erwartungen und Angst haben, es nicht zu schaffen. Zu viel Stress erschöpft den Organismus. Warum sich Stress negativ auf unseren Antrieb, auf unsere Kräfte auswirkt, warum Stress ein Energieräuber ist und wie wir uns vor zu viel Stress schützen können – das wird im Kapitel »Wie Sie Stress vermeiden« (Seite 69ff.) ausführlich beschrieben.

Power durch positiven Stress

Stress hat auch seine guten Seiten. Er kann die »Würze des Lebens« sein, wie der Vater der Stressforschung, Hans Selye, erkannte. Er meint damit allerdings positiven Stress (Eustress), der beflügeln und stärken kann. Wir erleben Eustress, wenn wir einer gewissen Belastung, einer Herausforderung (etwa beim Sport) ausgesetzt sind, also nichts Bedrohlichem. Oder wenn uns eine schwierige Aufgabe gut gelungen ist, wenn wir Lob und Anerkennung erfahren, wenn wir uns selbst übertreffen.
Ein überraschender (erfreulicher) Besuch, ein unverhoffter (erfolgreicher) Flirt, eine Umarmung, ein Sieg unseres Teams – alles, was uns aus der Routine des Alltags in eine positive Zone reißt, lässt Körper und Psyche positiv reagieren, erklärt der Psychologe Heiko Ernst. In solchen Situationen werden dann vermehrt Hormone wie

Testosteron, Insulin und Adrenalin ausgeschüttet – prompt fühlen wir uns glücklich und gut.

Dieser beflügelnde Stress erhöht die Motivation und setzt Energie frei. Diese Energie hilft wiederum, anvisierte Ziele zu erreichen. Sportler kennen das stimulierende Gefühl vor einem Start. Lampenfieber kann ähnlich wirken. Viele Schauspieler oder Redner beziehen aus diesem Gefühl einen zusätzlichen Schub, der ihre Konzentration, ihre Präsenz und letztlich ihre Leistung insgesamt erhöht.

Ohne Stress keine Pushs: Um vorwärts zu kommen, braucht man einen gewissen Druck, muss sich Anforderungen stellen. Diese sollten aber so aussehen, dass auch Aussicht auf Erfolg besteht.

»Ich bin Energie«

Die Amerikanerin Louise L. Hay, gefragte Heilerin und Bestsellerautorin (»Gesundheit für Körper und Seele«), hat weltweit inzwischen ein Millionenpublikum. Dem predigt sie gerne, wie man die positiven Kräfte in sich aktiviert und zu innerer Balance findet. Eine dieser Meditationen lautet: »Ich bin Energie«.

Auch frenetische Zustimmung setzt uns unter Stress; aber unter einen beflügelnden. Hormonschübe sorgen dann nämlich dafür, dass sich Körper und Seele gut fühlen.

Wenn ich Dinge tue, die mir Freude machen, kann meine Energie frei fließen – so die These der Heilerin. Wenn ich mich erschöpft fühle, ruhe ich mich aus. Ich gestatte es mir sogar, immer wieder einmal für eine Weile gar nichts zu tun. Ich schaffe mir Raum für liebevolle, optimistische und fröhliche Denk- und Verhaltensweisen, die dann keimen, Wurzeln schlagen und wachsen können. Ich nähre sie durch meine positive Grundeinstellung: »Sich selbst zu lieben, gibt uns jene zusätzliche Energie, die wir brauchen, um mit Problemen besser fertig zu werden.«

Eine Erfahrung, die jeder schon gemacht hat: Wenn man etwas mit Freude tut, geht es doppelt so schnell, doppelt so leicht von der Hand – ganz im Gegensatz zu erzwungenen Tätigkeiten.

Nicht jeder ist bereit für esoterische Exkurse. Muss auch nicht sein. Dennoch lässt sich nicht leugnen, dass wir unseren Energiehaushalt tatsächlich durch (positive) Gedanken, Worte, bildhafte Vorstellungen entscheidend beeinflussen und verändern können.

Wie Sie Ihren Kreislauf schnell auf Hochtouren bringen

Vier ganz simple Tips, wie Sie ganz schnell in Schwung kommen, wenn Sie müde, verspannt oder einfach lustlos sind:

Tanzen Sie
Und zwar allein. Legen Sie Ihre Lieblings-CD auf, liefern Sie sich ganz der Musik aus – und dann hemmungslos tanzen.

Laufen Sie
Und zwar auf der Stelle. Fangen Sie langsam an, steigern Sie Ihr Tempo allmählich, und fordern Sie sich selbst schließlich zum Wettrennen heraus.

Hüpfen Sie
Und zwar im Kreis. Probieren Sie Varianten aus. Erst abwechselnd die Knie hochziehen, so hoch wie möglich. Dann mit beiden Beinen gleichzeitig hopsen.

Springen Sie
Und zwar mit dem Seil. Das ist nicht nur ein Kinderspiel, sondern auch eine Übung, die den Kreislauf fordert und fördert.

Energiequellen

Unser Energiehaushalt ist ausgeglichen, wenn Körper, Geist und Seele störungsfrei zusammenwirken. Wenn wir uns z.B. körperlich nicht wohl fühlen, fällt es auch schwer, geistig voll da zu sein – die Energie fehlt. Oder wenn wir im Kopf nicht frisch sind, werden wir auch kaum unser ganzes körperliches Repertoire ausschöpfen können – wieder fehlt die Energie.

Wie also können wir zusätzliche Kräfte aktivieren? Wie können wir schnell neue Energie tanken, wenn wir z.B. down sind, lustlos, ausgepowert? Dazu sollten wir uns in Erinnerung rufen, wo unsere Energie eigentlich herkommt. Wir haben vier Energiequellen:

- Unseren Atem
- Unsere Ernährung
- Unsere mentale Kraft (Sinneseindrücke)
- Wachmacherübungen

In der indischen Heillehre, dem Ayurveda, gibt es ebenfalls ein Energiezentrum in Höhe des Brustbeins, dem Einfluss auf die Thymusdrüse zugesprochen wird. Man sagt, es verkörpere das vitale Element der Kreativität, der Energie und der Harmonie.

Kraftzentrum Thymusdrüse

In der Mitte der Brust, hinter dem oberen Teil vom Brustbein, befindet sich die Thymusdrüse. Ihre Funktion wurde lange Zeit unterschätzt, doch heute ist ihre besondere Bedeutung bewiesen: Die Thymusdrüse steuert die Lebensenergie des Körpers. Thymos – das war übrigens schon bei den alten Griechen das Wort für Lebensenergie.

Man kann die Thymusdrüse auch von Hand stimulieren: Legen Sie zwei Finger auf die Mitte der Brust, direkt unterhalb vom oberen Teil des Brustbeins. Nun klopfen Sie 20-mal darauf. Seien Sie entspannt und aufgeschlossen, lächeln Sie. Wenn die Thymusdrüse aktiviert wird, schüttet sie Wohlfühlhormone aus.

Locken Sie sich aus der Reserve

»So wie einer ist, so bewegt er sich. So wie einer sich bewegt, so ist er.« Eine Erkenntnis, die der niederländische Philosoph Frederik J.J. Buytendijk schon vor über 100 Jahren formulierte. In der Haltung des Menschen drückt sich aus, wie er gerade gestimmt ist: schlaff, ge-

Sich zusammenreißen – manchmal hilft einem diese Disziplinierung, aus einer lustlosen, frustrierten Haltung herauszukommen. Wenn keine tieferen psychologischen Probleme dahinter stecken, kann man sich so selbst wieder motivieren.

knickt, kleinmütig oder selbstbewusst, dynamisch und voller Energie. Zwischen Körper und Stimmungslage, zwischen Energiezustand und Befindlichkeit besteht eine klare Wechselwirkung.
Probieren Sie das doch mal aus: Lassen Sie sich einfach hängen. Im wahrsten Sinn des Wortes. Erst körperlich. Die Position beeinflusst dann recht bald auch Ihre Gefühlswelt, stimmt's?
Diese Wechselwirkung können Sie natürlich auch positiv nutzen. Stellen Sie sich aufrecht, fest und sicher hin – selbstbewusst. Nehmen Sie eine offene Haltung ein, Brust raus, Kopf hoch. Atmen Sie normal und ruhig. Merken Sie, wie Sie sich auch innerlich aufrichten, weil durch diese Körperhaltung mehr Energie fließen kann?

Die richtige Atmung

Auch die Atmung kann Stimmung und Energiefluss außerordentlich schnell verbessern. Atmen – das ist das Wichtigste, was wir in unserem Leben tun. Richtig atmen ist das Wichtigste, um die Lebensenergie zu verbessern. Um überleben zu können, brauchen unsere Zellen, also die kleinsten Bausteine des Körpers, Nährstoffe, Wasser – und Sauerstoff. Daraus entsteht unsere Lebensenergie.

Halten Sie mal die Luft an. Bei allen Atemübungen sollten Sie nach jedem Ausatmen kurz pausieren, um dann wieder tief einzuatmen.

Atmen – ist uns das nicht so selbstverständlich geworden, dass wir keinen Gedanken daran verschwenden? Sollten wir aber. Denn: Kaum jemand atmet (noch) richtig. Richtig wäre die Bauchatmung, die uns angeboren ist. Doch im Lauf der Jahre (Haltungsfehler, Bewegungsmangel, Nachlässigkeit) mutieren viele zu Flachatmern, sie atmen bloß mit der Brust. So werden nur noch der obere und mittlere Teil der Lunge genutzt, das untere Drittel verkümmert geradezu.
Man könnte den Zustand mit einem schlecht gelüfteten Zimmer vergleichen. Können Sie dort Ihr volles Potenzial ausschöpfen? Wohl kaum, denn stickige Luft hemmt. Eine wichtige Weisheit der Yogis lautet: »Wer nur halb atmet, lebt nur halb.«

Naturheilverfahren Atemtherapien: Allein durch eine richtige Atemtechnik können viele Probleme beseitigt werden. Des Rätsels Lösung: absolute Entspannung und Konzentration auf sich selbst.

Bewusst atmen

Nur durch die Bauchatmung wird unsere Lunge bestens belüftet. Tiefe Atemzüge vergrößern das Netzwerk der Kapillaren. Diese Kleinstblutgefäße tragen zur besseren Sauerstoffversorgung des Körpers bei. Wenn Sie nur in die Brust atmen, müssen Sie doppelt so viele Atemzüge machen, um dieselbe Menge Sauerstoff zu bekommen wie mit einem tiefen Atemzug in den Bauch hinein. Bauchatmung sorgt dafür, dass genügend Sauerstoff in die Lunge und von dort in die Blutbahnen eingeschleust, das Abfallprodukt Kohlendioxid komplett wieder heraustransportiert werden.
Wie funktioniert die Bauchatmung?
Sie lässt sich leicht (wieder) erlernen. Folgen wir den Empfehlungen des Wiener Arztes Dr. Erwin Gross (»Heilatmung für jeden«).

Bauchatmung im Liegen

Legen Sie sich mit dem Rücken auf den Teppich. Unter den Nacken legt man ein kleines Kissen – dadurch werden Wirbelsäule und Brustkorb optimal entspannt. Atmen Sie nun kräftig durch die Nase aus. Dann einen Augenblick warten, bis Ihr Körper selbst das Signal zum Einatmen gibt.
Nun nicht heftig, aber zügig einatmen. Legen Sie sich währenddessen am besten die Hände auf den Bauch, und stellen Sie bewusst das Heben und Senken des Oberbauchs fest (durch die Bewegung des Zwerchfells). Der Brustkorb soll sich jedoch eher wenig bewegen. Auf dem Höhepunkt der Einatmung sofort wieder ausatmen.

Kleine Übungen für zwischendurch im Büro, an der Bushaltestelle, morgens nach dem Zähneputzen. Nur fünf Minuten konzentriert und tief einatmen – das liefert Energie für den Körper.

Machen Sie auf die eben beschriebene Weise 20 Atemzüge. Diese Übung täglich zwei- bis dreimal wiederholen. Ein kleine Investition, die sich ganz groß auszahlt.

Bauchatmung im Stehen

Mit dem Rücken dicht an eine Tür oder eine Wand stellen, die Beine leicht grätschen. Die Arme hängen locker herab. Nun den Kopf senken und durch die Nase kräftig ausatmen.
Nach einer kurzen Pause zügig, aber nicht übertrieben einatmen, wobei der Kopf rückwärts geführt und die Wirbelsäule gestreckt werden. Das Kinn soll sich aber nicht in die Höhe recken – die Halsmuskeln müssen entspannt bleiben. Nach der maximalen Einatmung sofort wieder ausatmen und dabei Kopf sowie Wirbelsäule nach vorn kommen lassen. Die Übung kann später auch ohne Wand absolviert werden. Anfangs dient sie zur Kontrolle der richtigen Technik, die einem irgendwann in Fleisch und Blut übergeht.

Um sich Ihre Atemzüge so richtig bewusst zu machen, können Sie auch laut hörbar durch den Mund ein- und ausatmen.

Bauchatmung im Gehen

Jüngere Menschen verfügen meist über eine gut funktionierende Atemautomatik. Ihre Atmung passt sich dem Sauerstoffbedarf noch unwillentlich an. Anders bei der Mehrzahl der Erwachsenen. Sie werden immer kurzatmiger. Atmung und Bewegung verlieren den richtigen Rhythmus.

Versuchen Sie bei einem Spaziergang in Grünen mal Folgendes: Innerhalb von drei Schritten bewusst ausatmen; während der nächsten drei Schritte einatmen. Wer genügend Luft hat, kann nach dem Ausatmen ein oder zwei Schritte lang mit der Atmung aussetzen – lassen Sie Ihren Körper antworten.

Tief durchatmen – das geht besonders gut am geöffneten Fenster. Dazu ein paar Lockerungsübungen für Schultern, Arme, Nacken machen, um wieder frisch zu werden.

Hier gibt's neuen Sprit

Erstmal tief durchatmen – vermutlich sollte schon fast jeder mal diesen Sinnspruch der lebenserfahrenen Oma beherzigen. Vor einer anstrengenden Aufgabe beispielsweise oder mitten in einer verrückten Sache. Erstmal tief durchatmen – aber so dumm ist der Spruch gar nicht. Erstmal dem Körper Sauerstoff geben – ein perfektes Rezept, um schnell neue Energie zu sammeln.

Wenn Sie sich müde oder ausgepowert fühlen – gehen Sie, wenn möglich, an die frische Luft. Atmen Sie tief ein. Erzwingen Sie nichts. Entspannen Sie sich, lockere Schultern, Rücken gerade. Und nun auf die Atemluft konzentrieren, wie sie in den Körper strömt, in jede Zelle des Körpers. Halten Sie den Atem für einen Moment an, bevor Sie wieder tief ausatmen. Sie werden spüren, wie Sie innere Ruhe gewinnen – und neue Energie.

Energie laden durch Bodyscanning

Der Verhaltensmediziner Jon Kabat-Zinn hat folgende Übung, die er Bodyscanning (to scan = forschend betrachten) nannte, zur Steigerung des Körperbewusstseins und der Lebendigkeit entwickelt. Sie verbessert die Durchblutung und macht wacher – nicht zuletzt auch für sinnliche Erfahrungen.

- Legen Sie sich in ein ruhiges, gut gelüftetes Zimmer, und schließen Sie die Augen.

- Konzentrieren Sie sich zunächst intensiv nur auf Ihren Atem.
- Versuchen Sie dann, Ihren Körper zu spüren – vom Scheitel bis zu den Zehen.
- Konzentrieren Sie sich auf die Zehen, zunächst des einen Fußes. Stellen Sie sich vor, Sie atmeten direkt in die Zehen hinein. Versuchen Sie, jede einzelne Zehe wahrzunehmen. Beim Einatmen fühlen Sie frische Kraft in den Fuß fließen, beim Ausatmen lassen Sie alle Mattigkeit ausströmen.
- Durchwandern Sie nun in Ihrer Vorstellung langsam Ihren Körper. Verweilen Sie in den Waden, in den Knien, in der Lendenwirbelsäule, im Rücken, in den Händen, den Unterarmen, den Ellenbogen usw. – bis zu Augen, Nase, Ohren, Mund.
- Stellen Sie sich vor, dass die Luft jetzt ungehindert durch Ihren ganzen Körper strömt und durch die Fußsohlen wieder austritt.

Lieblingsplätze zum Wohlfühlen

Energie tanken durch Tagträumen: Halten Sie z.B. Erinnerungen an den letzten Urlaub wach. Lassen Sie wohlige Feriengefühle in Ihren Alltag fließen.

Haben Sie ein Zimmer in Ihrer Wohnung, einen Winkel im Haus, eine Stelle im Garten oder im nächstgelegenen Park, wo Sie sich ganz besonders gerne aufhalten? Falls Sie so einen Fleck noch nicht haben – schaffen Sie sich Ihren speziellen Wohlfühlplatz. Gehen Sie ein paar Minuten dorthin, tanken Sie Energie – träumen Sie.

Oder: Besuchen Sie in Gedanken (Tagtraum) einen erfreulichen Ort. »Eine gute oder schlechte Umgebung erzeugt gute oder schlechte Gefühle und Erinnerungen. Die wiederum beeinflussen unser Verhalten – in Richtung gut oder schlecht«, schreibt der Autor Winnifried Gallagher (»American Health«) in einem Buch mit dem Titel »The Power of Place«.

Die Kraft, die von einem Raum, einem Platz, einem besonderen Ort ausgehen kann, kann uns stärker negativ beeinflussen, als wir glauben. Umgekehrt kann uns eine Umgebung, die uns angenehm ist, wunderbar stimulieren – als Krafttankstelle.

Düfte als Stimmungsmacher

Unsere Nase kann 7500 unterschiedliche Gerüche erkennen. Bestimmte Düfte wirken beruhigend und entspannend, andere wirken sich auf unseren mentalen Zustand kräftigend und anregend aus – und verbessern dadurch zweifellos auch unser Wohlbefinden.

Auf diesen Erkenntnissen basiert die Aromatherapie. »Ein aromatischer Duft wird dir auf dem Weg zur Weisheit helfen«, schwärmte der altchinesische Philosoph Chiang-Tse. Er hatte auf seinem Schreibtisch ein Fläschchen Rosmarin stehen und schnupperte gerne daran – besonders in Momenten geistiger Ermüdung und Erschöpfung.

Wie verwendet man ätherische Öle?

Hat man seinen Lieblingsduft unter den Aromen gefunden, gibt es mehrere Möglichkeiten der Anwendung. Zuerst einmal natürlich das Bad. Vollbad mit angenehmer Temperatur – hineinlegen, entspannen, wohl fühlen. In der Aromatherapie wird häufig auch die Duftlampe verwendet. Man stellt sie, gefüllt mit Wasser und ein paar Tropfen ätherischem Öl, im Zimmer auf und kann so einige Stunden lang die Flüssigkeit durch ein brennendes Teelicht verdampfen lassen.
Als besonders wohl tuend für die Psyche haben sich folgende Duftstoffe erwiesen: Jasmin, Neroli, Rose, Rosmarin, Sandelholz und Zitrone.

Vorsicht bei zu hohem Blutdruck: in diesem Fall keine ätherischen Öle aus Rosmarin, Salbei oder Thymian verwenden.

Die Wirkung verschiedener Aromen

Belebende Öle

- Bergamotte
- Eukalyptus
- Jasmin
- Lemongras
- Limette
- Rosmarin
- Wacholderbeere
- Zitrone

Entspannende Öle

- Kamille
- Lavendel
- Neroli (Bitterorange)
- Rose
- Sandelholz
- Vanille
- Veilchen
- Zimt

Jasmin und Pomeranzenblütenöl können Depressionen beheben; Majoran mildert Beklemmungen. Zitrone und Pfefferminz duften besonders erfrischend. Testen Sie es mal: Inhalieren Sie Pfefferminztee oder Zitronenextrakt.

WIE SIE SICH AM BESTEN MOTIVIEREN

Natürlich, ich möchte mich wohl fühlen in meinem Körper. Ich muss deshalb nicht aussehen wie Arnold Schwarzenegger. Wenn ich mich bloß nicht so ungelenkig und schlaff fühlen würde. Dann wäre ich sicher auch weniger ängstlich, weniger gereizt, weniger gestresst, sondern lässiger, belastbarer und selbstbewusster. Genau, ich möchte mich einfach fit fühlen. Dafür müsste ich allerdings schon ein wenig mehr tun als jetzt. Vielleicht sollte ich mich einfach mehr bewegen und auf eine ausgewogene Ernährung achten.

Kommen Ihnen diese Gedanken bekannt vor? Denken Sie manchmal auch so? Ich würde ja gerne, aber … Aber da sind diese Gewohnheiten. Da ist dieser innere Schweinehund. Und dann ist da niemand, der mich so richtig motiviert.

Stopp! Großes Missverständnis. Wer auf die Motivierung durch andere wartet, denkt völlig falsch. Wirksame Motivation kann ich von nirgendwo erwarten, Motivation kann mir keiner liefern. Motivation finde ich nur in mir selbst.

Motivation kommt vom lateinischen movere = (sich) bewegen. Man muss selbst in die Gänge kommen, um sein Ziel zu erreichen.

Motivation oder Motivierung

Man darf Motivation nicht mit Motivierung verwechseln. Motivierung heißt Fremdsteuerung. Etwa im Job: Wer nur lustvoll arbeiten kann, wenn man ihm – wie dem Hund die Wurst – kleine Häppchen hinwirft (Lob, Erfolgsprämien, Gehaltserhöhungen), der ist nicht motiviert, sondern manipuliert.

»Wer sich abhängig macht vom Hü und Hott des Anreizens und Anspornens, von den subtilen Bestechungsversuchen, den lockenden Belohnungen und dem süchtig machenden Lob, der lässt andere über die Qualität seines Lebens bestimmen, der macht sich zum Spielball der Interessen anderer«, erklärt der Unternehmensberater Reinhard K. Sprenger in seinem Bestseller »Mythos Motivation«.

»Alles Motivieren ist Demotivieren«

Die beste Motivation ist die Selbstbelohnung: Erfolg, Bestätigung finden, Selbstbewusstsein stärken, Zufriedenheit oder gar Glück empfinden.

Seine verbüffende These illustriert Sprenger mit einem simplen Beispiel von einem alten Mann und dessen Nachbarskindern. Die hänseln und ärgern ihn ständig; sein Nervenkostüm beginnt empfindlich zu leiden. Eines Tages greift er zu einer List. Er bietet den Kindern 1 DM, wenn sie am nächsten Tag wiederkommen. Die kommen dann auch, ärgern ihn und holen sich ihre 1 DM Belohnung. »Wenn ihr morgen wiederkommt, dann gebe ich euch 50 Pfennig«, verspricht der Alte. Und wieder kommen die Kinder und ärgern ihn gegen Bezahlung. Schließlich fordert der alte Mann die Kinder auf, ihn morgen bitte für 20 Pfennig zu belästigen. Das lehnen sie empört ab. Sie kommen nicht mehr. Sie haben den Spaß am Spiel verloren, und der geplagte Mann hat endlich Ruhe.

Und die Moral von der Geschichte?

Anfangs waren die Kinder von sich aus motiviert. Später, als es eine Belohnung gab, wurde die natürliche Motivation ersetzt – durch Motivierung mit Geld. Schließlich gingen der Reiz, die Begeisterung, selbst die Motivierung durch Bezahlung flöten.

Motiv bedeutet Beweggrund, aber auch Gegenstand eines Bildes. Versuchen Sie also mal, sich mit animierendem Wandschmuck wie Kunstdrucken oder Postern zu motivieren – es muss ja nicht gleich Graffiti sein.

Motivation kommt von Motiv

Motivation – das Wort sagt es schon – ist eng gekoppelt mit Motiven, also mit Beweggründen: Was treibt mich dazu? Warum verhalte ich mich so und nicht anders? Motiviert bin ich, wenn ich einen Sinn erkenne. Das ist ganz wichtig: Erst die innere Überzeugung, dieser erkennbare Sinn, lässt mich mit Freude und Engagement handeln.
Motivation, sagt Volkes Stimme, ist der Stachel, der Ausdauer verleiht und alle Widrigkeiten überwinden lässt. Motivation hat auch mit Willenskraft zu tun. Der Wille ist eine Art Machtzentrum in der menschlichen Seele, das unglaubliche Tatkraft und Triebstärke freisetzen kann. Schiller legte seinem Wallenstein in den Mund: »Den Menschen macht sein Wille groß und klein.«

Selbstmotivation

Wenn die Motivation von meinem Willen bestimmt ist, motiviere ich mich also selbst. Aber was heißt, sich selbst zu motivieren? Sprenger: »Es heißt nicht, die äußeren Antreiber durch innere zu ersetzen. Keine Methode des Positivdenkens ist gefordert, kein Schönreden als Überlebenstechnik. Es geht vielmehr um die Einsicht in die Tatsache menschlicher Wahlfreiheit. Die Situation, so wie sie jetzt ist, habe ich gewählt. Ich kann sie auch wieder abwählen – und muss aber auch die Konsequenzen daraus tragen.« Selbstmotivation kann nur heißen: Ich muss die Verantwortung für meine Motivation und Leistungsbereitschaft selbst übernehmen.
Motivation ist die Energie, die alles in Bewegung bringt. Und: Selbstmotivation ist eine positive Energiequelle. Die wichtigste übrigens, die jedem zur Verfügung steht. Sich Ziele zu setzen, diese Ziele nicht aus den Augen zu verlieren, Misserfolge und Rückschläge wegstecken zu können – das alles verlangt eine anständige Portion Selbstmotivation. Psychologen bestätigen, wie mühsam es sein kann, Selbstmotivation zu gewinnen. Und wie schwer es mitunter ist, diese Selbstmotivation auch wirklich aufrechtzuerhalten. Aber: All das kann man lernen.

Energiequelle Selbstmotivation: sich Ziele setzen, diese Ziele nicht aus den Augen verlieren, Rückschläge und Misserfolge wegstecken – das ist schwer. Aber jeder kann es lernen.

Die einzelnen Lernschritte

Am Anfang sollte eine Vision stehen. Eine genaue Zielvorstellung. Wo sehe ich mein persönliches Ziel? Was ist besonders wertvoll für mich? Was will ich wirklich erreichen?

Mit Leib und Seele engagieren wir uns nur für Sachen, die uns besonders wichtig erscheinen. Die einen besonderen Wert für uns haben. Der erhoffte Lohn, wenn wir unser (großes/kleines, jedenfalls lohnendes) Ziel erreichen: Lebensfreude und neue Lebensenergie. Für Unwichtiges fehlt die Motivation – null Bock. Wenn wir das dennoch erledigen müssen, kostet das jede Menge Überwindung und Energie. Das Ergebnis wird entsprechend ausfallen. Wir beschränken uns auf das, was wir müssen, weil wir das, was wir sollen, nicht unbedingt selbst wollen.

Mit kleinen Etappen beginnen

»Selbst ein Weg von 1000 Meilen beginnt mit dem ersten Schritt.«
Zen-Weisheit

Auch der weiteste Weg beginnt mit dem ersten Schritt. Ein kluger Satz, den ein Zen-Meister geprägt hat. Der Moment des Aufraffens, des Anfangens, des Anpackens ist ganz besonders schwer. Beginnen Sie also mit einer ganz einfachen Handlung. Fangen Sie mit etwas an, das Sie schon können. Setzen Sie sich anfangs ein kleines, realistisches Ziel. Ein kleiner Schritt ist besser als gar keiner. Und bestimmt auch besser als ein großer, den Sie dann nicht schaffen.

Am Anfang steht die genaue Zielvorstellung

Umreißen Sie Ihr Ziel oder Ziele, auf die Sie hinarbeiten wollen, ganz klar. Einige Beispiele:

- Ich möchte mein Wohlfühlgewicht erreichen.
- Ich möchte jeden Tag eine Stunde für mich allein sein.
- Ich möchte gelassener werden.
- Ich möchte nächsten November den New-York-Marathon laufen.
- Ich möchte mich ab sofort gesünder ernähren: weniger Süßigkeiten, weniger Fett, mehr Obst, Gemüse und Vollwertiges.
- Ich möchte Yoga lernen.
- Ich möchte neue Leute kennen lernen.

Untermauern Sie dann Ihr Ziel. Notieren Sie auf einem Zettel: Zehn Gründe, warum ich mein Ziel erreichen möchte.

Zielvorstellungen sind immer positiv

Motivation soll immer aufbauend (konstruktiv) sein. Belasten Sie Ihre Zielvorstellung also nicht negativ. Vermeiden Sie Vorsätze wie z. B.: »Ich will nicht mehr so hypernervös sein.« Formulieren Sie Ihr Ziel positiv: »Ich möchte mir täglich eine halbe Stunde für Entspannungsübungen reservieren.«

Nicht nur im Sport gilt: langsam anfangen, nicht zu hoch einsteigen. Neue Erfahrungen erst mal verarbeiten, überprüfen, wie man damit zurechtkommt. Dann erst das persönliche Pensum steigern.

Leichter Einstieg fürs Laufen

Sie wollen z. B. mit Joggen beginnen? Okay, in der ersten Woche laufen Sie eine Minute. Gehen Sie zwei Minuten. Laufen Sie wieder eine Minute, dann gehen Sie wieder zwei Minuten – wiederholen Sie dieses Spielchen siebenmal. Laufen Sie dreimal pro Woche. Das hört sich nach wenig an. Ist es auch. Aber genau das ist das Geheimnis: Muten Sie sich anfangs nicht zu viel zu. Bei diesem Aufbauprogramm, entwickelt von Alexander Weber, Professor für Psychologie und Erziehungswissenschaften an der Uni Paderborn, spielt Geduld eine große Rolle. Wichtig ist, dass Sie langsam aufbauen. Und durchhalten.

Steigern Sie allmählich Ihr Pensum – von Woche zu Woche:

2. Woche: 1 Min. Laufen, 1 Min. Gehen (10-mal wiederholen)
3. Woche: 2 Min. Laufen, 1 Min. Gehen (7-mal)
4. Woche: 3 Min. Laufen, 1 Min. Gehen (5-mal)
5. Woche: 4 Min. Laufen, 1 Min. Gehen (6-mal)
6. Woche: 5 Min. Laufen, 1 Min. Gehen (3-mal), anschließend 2 Min. in Laufen, 1 Min. Gehen
7. Woche: 6 Min. Laufen, 1 Min. Gehen (3-mal)
8. Woche: 8 Min. Laufen, 1 Min. Gehen (2-mal), anschließend 3 Min. Laufen, 1 Min. Gehen
9. Woche: 12 Min. Laufen, 1 Min. Gehen (2-mal)
10. Woche: 20 Min. ununterbrochen Laufen, 3 Min. Gehen
11. Woche: 18 Min. Laufen, 1 Min. Gehen (2-mal)

Standardprogramm des Deutschen Lauftherapiezentrums, Bad Lippspringe

Setzen Sie sich einen Termin

Überlegen Sie, wie viel Zeit Sie brauchen, um Ihr Ziel zu erreichen. Nichts geschieht bekanntlich über Nacht. Stellen Sie dann einen realistischen Zeitplan auf.
Was will und kann ich

- Langfristig
- Mittelfristig
- Kurzfristig

erreichen? Legen Sie auch eine Reihenfolge fest. Was will und kann ich sofort anpacken, was will ich in einem Monat erreicht haben?

Alte Gewohnheiten durchbrechen

Es ist ein mühseliger Prozess, alte Gewohnheiten zu ändern und neue Vorsätze zu verwirklichen. Aber es fällt einem mit jedem Versuch wirklich leichter.

Gewohnheiten können wie Fesseln sein. Ein spanisches Sprichwort sagt: »Anfangs sind Gewohnheiten Spinnweben, später Drahtseile.« Mühelos bauen sie sich auf – aber wie mühsam ist es, alte Gewohnheiten wieder abzubauen.
Nehmen wir ein Beispiel: autogenes Training. Sie ahnen, wie gut Entspannungsübungen für Sie sein könnten. Sie wissen, jeder kann das lernen. Vielleicht wollten Sie es sogar schon einmal lernen. Aber trotzdem haben Sie es bisher nie geschafft, solche Übungen in Ihren Alltag (»Schaffe ich nicht«, »Keine Zeit«, »Bin ich nicht gewohnt«) einzubauen.
Das Wissen allein, wie wichtig oder wie gut etwas ist, reicht also oft noch nicht aus. Trotz aller Überzeugung von der Richtigkeit der Sache – die Umsetzung kostet Kraft. Anfangs müssen Sie sich vielleicht Tag für Tag neu einstimmen. Schließlich müssen Sie aber auch handeln. Schieben Sie nichts auf die lange Bank. Packen Sie es an. So schnell es geht. Alte Gewohnheiten lassen sich nur durch neue, oft mühselige Aktivität ändern. Allmählich machen wir sie dann zur neuen Gewohnheit. Erst wenn eine Tätigkeit zur neuen Gewohnheit geworden ist, müssen wir nicht, um sie auch tatsächlich auszuüben, jedes Mal so viel Energie aufbringen wie bei unserem ersten Versuch. Schließlich fällt es uns leichter und leichter.

Wecken Sie doch mal das Kind in sich. Lassen Sie sich weder von gesellschaftlichen Konventionen noch von Ihren eingefleischten Gewohnheiten daran hindern, das zu tun, was Ihnen wirklich Spaß macht.

Gönnen Sie sich ein Lob

Was wir von Kindern lernen können: Erfolgsbestätigung durch positive Zwischenresultate.

Um motiviert zu bleiben, ist es gut, wenn Sie wissen, wie gut Sie auf dem Weg zu Ihrem Ziel vorankommen. Da können Lob und Bestätigung helfen. Sie sind überdies ein natürlicher Leistungsmotor, um kraftvoll fortzufahren.

Mit dem Lob ist das so eine Sache. Kein Problem bei einem kleinen Kind. Das wartet nicht geduldig auf eine Geste der Anerkennung, sondern geht in die Offensive. Wenn unsere Tochter Jule eines ihrer Bilder fertig hat, kommt sie damit strahlend an und hält es jedem unter die Nase: »Schau, wie toll mein Bild geworden ist.« Wir schauen erst das Bild an, dann Jule und loben: »Ja, tolles Bild.« Mit Lust malt sie sofort ein neues, noch schöneres Bild. Psychologen bewerten so eine Alltagsszene als positive Motivation.

Das Modell »natürlicher Leistungsmotor« funktioniert nicht nur bei Kindern. Es gilt für jedes Alter. Nur holen sich Erwachsene ihre Bestätigung nicht so direkt.

Motivationstrick positive Affirmation

Der Tennistrainer Nick Bollettieri genießt den Ruf, einer der besten Trainer der Tennisgeschichte zu sein. Wie keinem sonst ist es ihm gelungen, aus Talenten (z.B. Andre Agassi, Monica Seles, Pete Sampras, Jim Courier, Mary Pierce oder zuletzt Anna Kournikova und Tommy Haas) Weltklassespieler zu formen. Seine Methode: Neben Tennisdrill hilft er Spielern bei der Entwicklung ihres Selbstvertrauens. Sie sollen fähig sein, sich jederzeit selbst zu motivieren, um ihre Leistung kontinuierlich steigern zu können. Im Training, im Match lässt er seine Schüler lautlos mit sich selbst sprechen. Bollettieri: »Positive Affirmationen stabilisieren die Motivation.«

Beispiele, mit denen sich die Spieler neu motivieren:

- Ich ziehe den Schlag perfekt durch.
- Ich bin auf dem Platz innerlich völlig ausgeglichen.
- Ich spiele aggressiv, aber trotzdem kontrolliert.
- Ich decke den Platz sehr gut ab.
- Ich bin sehr schnell auf den Beinen.
- Ich weiß, dass ich siegen werde.
- Alle meine Schläge passen optimal.

Durchhalten

Sport als Modell und Spiegel fürs Leben: Er kann einem zeigen, wie Selbstdisziplin, Konsequenz und fester Glaube an sich selbst zum Erfolg führen.

Gerade im Sport findet man viele Beispiele, wie Menschen sich selbst motivieren, um Hochleistungen bringen zu können. Auch beim Wettkampf – wenn kein Trainer sie unterstützen kann.

Dem Fußballlehrer Christoph Daum ging schon vor seiner Verpflichtung bei Bayer Leverkusen der Ruf voraus: Heißmacher. In Leverkusen konnte er seinen Ruf verfeinern: Motivationskünstler. Daum verhalf einer Truppe, die 1996 fast aus der ersten Bundesliga abgestiegen wäre, 1997 zur Vizemeisterschaft. Und Leverkusens Mittelstürmer Ulf Kirsten, der monatelang nichts getroffen hatte, wurde sogar Torschützenkönig. Daum kreierte für Kirsten den Motivationstrick »Staubsaugervertretersyndrom«.

Er konnte seinem Mittelstürmer erfolgreich einimpfen: Du darfst nie aufgeben. Setz nach. Versuch's, wenn's nicht klappt, nochmal. Und nochmal. Wie früher die Staubsaugervertreter. Die gingen auch von Haus zu Haus, wurden immer wieder abgewiesen – aber irgendwann kaufte dann doch jemand.

Motivieren im Alltag

Eine interessante Lektion, das mit den Sportlern. Auch Sie sollten Ihre Interessen nicht gleich aufstecken, wenn's beim ersten Versuch nicht klappt. Nie aufgeben. Umreißen Sie Ihr Ziel. Es muss für Sie wirklich wertvoll sein, dieses Ziel. Und dann verfolgen Sie es, Schritt für Schritt. Sie werden unterwegs jammern, verzagen und aufgeben wollen. Geben Sie nicht auf.
Verbuchen Sie die Etappenziele bereits als kleine persönliche Erfolge. Motivieren Sie sich immer wieder neu. Bis zum Schluss. Wetten, dass Sie Wohlgefühl pur erleben?

Schritt für Schritt zum Ziel und immer daran denken: Was Sie tun, tun Sie nicht für andere, sondern vor allem für sich selbst.

Fit im Job – wie Sie sich selbst Dampf machen

Die besten Motivationstips

- Erinnern Sie sich auf dem Weg zu einem neuen Ziel an alte Erfolge und das gute Gefühl, das Sie dabei hatten.
- Große Aufgaben verlieren ihren Schrecken, wenn man sie »klein denkt«, in handliche Portionen zerlegt und diese dann nacheinander angeht.
- Fokussieren Sie die Chancen und Möglichkeiten, die für Sie in einer Aufgabe stecken. Allzu oft überschätzen wir die Risiken des Handelns und unterschätzen die Vorteile.
- Stellen Sie sich die Frage nach dem Sinn Ihrer Arbeit. Ist sie spannend? Was würde Sie wirklich interessieren? Und was hält Sie davon ab, Ihre Situation zu verändern?
- Unterschätzen Sie nicht die Kraft der Gedanken – auch der negativen: Sich selbst erfüllende Prophezeiungen sind Überlegungen, die erst dadurch zur Realität werden, weil man sich vor ihnen fürchtet. Lassen Sie deshalb so wenig wie möglich negative Gedanken die Herrschaft über Ihr Denken gewinnen.
- Verzweifeln Sie nicht an schwierigen Aufgaben und Problemen. Sehen Sie jede schwierige Situation auch als Chance zur Bewährung. Und als Chance, die durchaus auch persönliches Wachstum ermöglicht.
- Verschieben Sie Ihr Glück nicht auf morgen – übernehmen Sie die Verantwortung für sich. Und zwar sofort.

WIE SIE MORGENS IN SCHWUNG KOMMEN

Glauben Sie manchmal auch, sie tickt nicht ganz richtig? Besonders morgens, wenn Sie mal wieder so richtig schön durchhängen, wenn Sie wieder mal heftig unter dem Ich-komm-nicht-aus-dem-Bett-Syndrom leiden?

Schlappe Ausrede. Sie tickt bei jedem – unsere innere Uhr. Sie arbeitet sehr zuverlässig im 24-Stunden-Rhythmus. Sie reguliert alles in uns – Körpertemperatur, Herzfrequenz, Blutdruck und auch Stimmungen und Verhalten. Sie entscheidet, wie wir uns fühlen, wann wir besonders wach, rege, belastbar sind oder träge, gereizt, müde. Dieser geheimnisvolle Schrittmacher ist ein Zellkomplex im Zwischenhirn mit dem komplizierten Namen »suprachiasmatischer Nucleus« (SCN). Er steht in enger Verbindung mit dem sympathischen Nervensystem, das Organfunktionen wie Atem, Blutdruck oder Herzfrequenz antreibt oder drosselt. Daran ist außerdem der Botenstoff Noradrenalin beteiligt, der vom Nebennierenmark produziert wird.

Ein geheimnisvoller Schrittmacher, diese innere Uhr. Aber es gibt sie wirklich. Und sie tickt bei jedem anders. Finden Sie also Ihren Rhythmus heraus, und richten Sie sich danach – so gut es geht.

Natürliche Hochs und Tiefs des Körpers

Der Noradrenalinspiegel schwankt im Lauf des Tages und der Nacht erheblich. Die größte Menge kommt vormittags gegen elf Uhr ins Blut. Dann erreichen die meisten Menschen ihr körperliches und geistiges Leistungshoch. Nachts um drei der Tiefpunkt: Herzschlag, Blutdruck, Körpertemperatur sind auf dem niedrigsten Stand.

Morgens gegen sechs Uhr beginnt unser innerer Wecker zu klingeln. Wieder ein höchst komplizierter Vorgang. Mit zunehmender Dunkel-

heit hat der SCN die Zirbeldrüse im Gehirn angeregt, Melatonin, ein körpereigenes Schlafmittel, auszuschütten. Das Hormon sorgt dafür, dass die Aktivitäten des Organismus zurückgefahren werden. Mit Beginn der Morgendämmerung geben die Sehnerven dem Zwischenhirn Informationen über die Lichtverhältnisse. Folge: Die Produktion von Melatonin verringert sich. Stattdessen wird zunehmend das Hormon Kortisol freigesetzt. Das weckt die Lebensgeister, und der Körper schaltet auf Leistung.
Allerdings geschieht dieser Vorgang langsam. Bei manchen Menschen sogar sehr langsam. Morgenstund hat Gold im Mund – nein, diese bäuerliche Weisheit trifft nicht auf alle Menschen zu. Die Chronobiologie, diese Wissenschaft von den zeitlichen Gesetzmäßigkeiten des Ablaufs der Lebensprozesse, bestätigt: Es gibt sie wirklich, die Morgenmenschen und die Nachtmenschen.

Sind Sie ein Morgen- oder Nachtmensch?

Die alte Regel »Der gesündeste Schlaf ist der vor Mitternacht« ist so nicht haltbar. Es gibt einfach Menschen, die spät abends ziemlich fit sind und um zwölf Uhr nachts noch nicht schlafen können.

Beantworten Sie folgende Fragen:

- Wachen Sie früh auf, und gehen Sie gern früh ins Bett?
- Wachen Sie oft von selbst auf, kurz vorm Weckerklingeln?
- Sind Sie beim Aufstehen putzmunter und voller Tatendrang?
- Haben Sie das Gefühl, Sie können morgens am besten arbeiten?

Wenn diese Punkte auf Sie zutreffen, dann sind Sie mit großer Wahrscheinlichkeit eine Lerche – ein Morgenmensch.

- Wachen Sie spät auf? Gehen Sie spät ins Bett?
- Überhören Sie morgens schon mal den Wecker?
- Sind Sie beim Aufwachen schlaftrunken?
- Leiden Sie morgens normalerweise? Keine Energie?

Wenn diese Punkte auf Sie zutreffen, dann sind Sie mit großer Wahrscheinlichkeit eine Eule – ein Nachtmensch. Allerdings: Ausgeprägte Morgen- oder reine Nachtmenschen kommen seltener vor, als viele glauben. Nur jeder Zehnte ist ein Lerchentyp, zehn Prozent sind Eulen. Die meisten sind Mischtypen.

Können wir also doch was tun gegen das Morgengrauen? Und was können wir tun, um morgens leichter in Schwung zu kommen? Denn, dass die meisten Menschen was tun wollen – und sollten –, ist keine Frage. Morgenmuffeligkeit hat häufig negative Auswirkungen: vor allem auf den Job – aber auch auf den ganzen Tag. Was soll aus einem Tag schon werden, der missmutig beginnt?

Die besten Muntermacher

Recken und strecken Sie sich

Der beste Start in den Tag: gleich nach dem Aufwachen ausgiebig räkeln, recken und strecken. Nach acht Stunden Schlaf sind Muskeln, Sehnen und Bänder leicht verkürzt. Mit einer Art naturgegebenem Stretching (wie es morgens auch Hunde und Katzen tun) machen Sie sich wieder lang. Der Körper nimmt solche Weckreize dankbar auf: Die Sauerstoffversorgung wird verbessert, der gesamte Organismus auf Aktivität eingestimmt. Die Schlaftrunkenheit weicht viel eher.

Morgenmuffel sollten an ihre Anlaufphase denken: früher aufstehen, sich Zeit für sich selbst nehmen.

Hundemüde? Scheuchen Sie den Schlaf aus Ihren Knochen, z. B. mit kräftigem Räkeln oder leichter Gymnastik am offenen Fenster.

Trinken Sie Wasser

Nachts schwitzt unser Körper. Er kann dadurch bis zu zwei Liter Flüssigkeit verlieren. Sie sollten diesen Verlust ausgleichen und wenigstens ein Glas Mineralwasser auf nüchternen Magen trinken. Durch Kaffee wird die Entwässerung (Dehydration) verstärkt, weil Kaffee auch eine harntreibende Wirkung entfaltet: Er führt zu erhöhter Flüssigkeitsausscheidung über die Nieren. Eine andere Möglichkeit der Flüssigkeitszufuhr am Morgen: Tee. Und zwar Kräutertee oder grünen Tee, die man kannenweise trinken kann. Schwarzer Tee empfiehlt sich dagegen nur in Maßen, genauso wie Kaffee.

Kaffee – der heiß geliebte Muntermacher

Die Freunde des röstfrischen Wachmachers behaupten ja: Ohne Kaffee ist mit mir morgens nichts anzufangen. Dass an diesem Gefühl was dran ist, wurde inzwischen wissenschaftlich bestätigt. Eingehende Tests am Massachusetts Institute of Technology in Cambridge/USA zeigten: Kaffee sorgt dafür, dass man sich den Aufgaben des Tages besser gewachsen fühlt. Das stimulierende Getränk hilft, leichter mit Selbstzweifeln und Angstgefühlen umzugehen. Der biochemische Hintergrund: Koffein lässt den Spiegel des Stimmungshormons Serotonin steigen. Nach etwa 20 bis 30 Minuten wird die maximale belebende Wirkung von Kaffee erreicht.

Stimulanzgetränk Kaffee: Er steigert Herztätigkeit, Konzentration und Verdauung. Aber Vorsicht: Kaffee entzieht dem Körper Wasser.

Wie viel Kaffee darf ich trinken?

Leider lässt sich das nicht allgemein beantworten. Manch einer verträgt überhaupt keinen Kaffee (Herzrasen, Nervosität, Kopfschmerzen, Schlaflosigkeit). Andere gönnen sich problemlos fünf, sechs Tassen am Morgen. Jeder muss seine eigene Toleranzschwelle herausfinden. Allerdings: Sie sollten Ihren Kaffeekonsum möglichst auf zwei bis vier Tassen täglich beschränken. Auch, um eine Übersäuerung des Körpers zu vermeiden. Denn Kaffee ist ein Basenräuber. Zu viel Kaffee kann, wie andere Genussmittel (Alkohol, Nikotin) auch, belastenden Einfluss auf den Organismus haben – das bedeutet: Stress.

Knabbern Sie an einem Apfel

Mal ehrlich, wer ist gleich nach dem Aufwachen schon in Kusslaune? Von wegen Atemfrische. In unserer Mundhöhle tummeln sich über Nacht Bakterien, Milliarden von Bakterien. Und die sind produktiv. Leider produzieren sie viele Gase, und die riechen nicht gerade gut, die müffeln geradezu. Und Sie haben einen schlechten Geschmack im Mund. Erste Abhilfe: ein Schluck Wasser. Besser: ein Biss in einen Apfel, der setzt den Speichelfluss in Gang. Und natürlich zwingend notwendig: ausgiebiges Zähneputzen.

Einen heißen Waschlappen ins Gesicht

Vielleicht kennen Sie das Gefühl von einem nächtlichen Trip im Flugzeug: Puh, fühlen wir uns zerschlagen. Und dann bringt die Stewardess heiße Waschlappen, die wir uns ins Gesicht drücken und dann in den Nacken. Die Hitze erweitert Äderchen, was die Durchblutung fördert – und ungemein belebt.

Wechselwarme Ganzkörpergüsse

Schaurig-schöne und medizinisch bewährte Muntermacher: Wassergüsse nach der Methode des Sebastian Kneipp.

Sicher ist auch Ihnen ein Pfarrer namens Sebastian Kneipp bekannt. Genau, der mit den kalten Güssen. Mit seinen Wasseranwendungen (in Kombination mit Bewegung, Diät, frischer Luft und Kräutern) erzielte Kneipp (1821–1897) bei sich, später auch bei Patienten, erstaunliche Erfolge. Gelenkschmerzen, Blähungen, Herzerkrankungen – so ziemlich alles ließ sich mit Wasserkuren bessern. Zu Kneipps Zeiten kannte man noch keine warmen Duschen. Auch wenn's Überwindung kostet: Gönnen Sie sich den schaurig-schönen Luxus wechselwarmer Ganzkörpergüsse.

- Duschen Sie zunächst warm.
- Danach kalt (15 °C). Erst das rechte Bein abduschen, dann das linke; rechter Arm, linker Arm; Brust; Rücken (ca. 20 Sekunden).
- Dann wieder warm. Nach Belieben wiederholen.
- Zum Schluss stets kalt duschen.
- Hinterher erfolgt im Idealfall eine Bürstenmassage (immer in Richtung auf das Herz schrubben).
- Bei einem echten kneippschen Guss drehen Sie zum Duschen den Brausekopf ab; das Wasser fließt jetzt einfach aus der Schlauchöffnung und spritzt nicht so stark.

Erfrischungsbad

Auch in der Badewanne können Sie Ihren Kreislauf in Schwung bringen. Geben Sie ein paar Tropfen ätherische Öle ins lauwarme oder warme Wasser: zwei Tropfen Rosmarin, zwei Tropfen Wacholder und einen Tropfen Pfefferminze.

Gehen Sie an die frische Luft

Altbewährter Wachmacher: Tautreten (bzw. Schneetreten) am Morgen im Garten. Die Füße werden ganz warm, der Körper bestens durchblutet, der Mensch wach.

Eine einfache, aber wirksame Wachmachermethode: Tanken Sie ein paar Minuten kühle Morgenluft. Das ist so erfrischend, als würden Sie sich kaltes Wasser ins Gesicht spritzen – weil die Blutzirkulation zusätzlich auf Touren gebracht wird.

Hopsen Sie doch mal

Schon mal was von Rebouncing gehört? Hinter dem hochtrabenden Wort verbirgt sich nur Trampolinspringen – auf einem Minimodell, für ca. 100 DM im Fachhandel erhältlich. Hopsen Sie drauflos. Beim rhythmischen Spiel mit der Schwerelosigkeit werden Sie nicht nur Müdigkeit und Verspannungen los. Sie trainieren gleichzeitig 80 Prozent Ihrer Muskeln, ohne die Gelenke und Bänder zu strapazieren. Fünf Minuten Rebouncing bringen so viel wie 15 Minuten Joggen.

Körperguss für mehr Genuss. Am Anfang kosten Wechselduschen zwar etwas Überwindung, aber Ihr verschlafener Kreislauf wird sie zu schätzen wissen.

Stimmen Sie sich positiv auf den Tag ein

Was ist gut in meinem Leben? Worüber kann ich wirklich glücklich sein? Was kann ich gut? Wofür sollte ich dankbar sein? Mit solchen Fragen beschäftigte sich der große amerikanische Philosoph Henry David Thoreau (»Der Mensch ist der Urheber seines eigenen Glücks«) jeden Morgen die ersten fünf Minuten nach dem Aufwachen – ein Ritual, um den Tag positiv zu beginnen. Die Dankbarkeit, die Thoreau auf diese Weise kultivierte, prägte und bestimmte seine Haltung während des ganzen Tages. Auch wenn es banal klingen mag, es lohnt, über diesen Ansatz wenigstens einmal nachzudenken.

Mobilmachung am Morgen

Woraus besteht ein »vernünftiges« Frühstück – also eines, dem sogar Ernährungswissenschaftler ihre Absolution geben? Wir ahnen es alle: Es sollte ausgewogen sein, nicht zu fett, nicht zu schwer. Und vor allem: Das Frühstück sollte überhaupt stattfinden. Was hier zu Lande gar nicht selbstverständlich ist.

- 77 Prozent der Familien würden gern gemeinsam frühstücken.
- Doch 64 Prozent sitzen solo.
- Nur 28 Prozent finden sich am Frühstückstisch zusammen.
- 8 Prozent schaffen es wenigstens manchmal gemeinsam.
- Ganze 21 Minuten dauert das Frühstück wochentags.
- Dafür immerhin 34 Minuten am Wochenende.

Nicht zu fett, nicht zu schwer – mit einem vernünftigen Frühstück schaffen Sie sich eine wichtige Grundlage für jeden neuen Tag.

Power tanken

Wie sehr sich eine gute erste Mahlzeit auf die Leistungsfähigkeit auswirkt, hat der österreichische Fitnessguru Professor Willi Dungl in zahlreichen Tests mit Spitzensportlern feststellen können:

- Am ersten Tag aßen sie ein spezielles Müsli
- Am zweiten Tag Brötchen mit Marmelade und Wurst
- Am dritten Tag Eier mit Schinken
- Am vierten Tag wieder ein Müsli

Fazit: Während die Aktiven an den »Müslitagen« über vier Stunden lang energiegeladen zur Sache gehen konnten, waren sie nach dem

Brötchenfrühstück bereits nach eineinhalb Stunden wieder hungrig und matt. Ei und Schinken sorgten schon nach 30 Minuten für eklatante Leistungsminderung. Am vierten »Müslitag« fühlten sie wieder Power. Warum? Weißmehlprodukte und Monosaccharide (Einfachzucker) führen zu einem raschen Anstieg des Blutzuckerspiegels und somit zu einer überhöhten Insulinproduktion. Folge: rasche Ermüdung und Hunger. Fettreiche Nahrung wiederum belastet den Kreislauf, benötigt zur Verdauung übermäßig viel Sauerstoff und führt zu Konzentrationsschwächen und Leistungslöchern.

Das ideale Frühstück

Es hat keinen Sinn, wenn man sich den Tag mit einem gesunden, aber aufgezwungenen Frühstück verdirbt. Wer absolut nicht auf Vollwert steht, sollte dennoch nicht gleich Kuchen zum Frühstück vertilgen.

Die optimale Mahlzeit morgens besteht aus einer Kombination von Getreide, Früchten und einem Eiweißträger. Im Klartext: Müsli mit Milch, Molke, Joghurt oder Buttermilch, frischen Früchten oder Trockenobst. Müslis sollte man selbst mixen, da Fertigmüslis oft viel Zucker zugesetzt wird. Gleiches gilt für die so genannten Zerealien (Cornflakes & Co.).

Wer aus Bequemlichkeit nicht auf Fertigprodukte verzichten will, sollte zumindest zuckerarme und ballaststoffreiche Sorten kaufen. Die Zutaten müssen der Menge nach aufgeführt werden. Je weiter vorn der Zucker aufgeführt ist, umso mehr enthält das Produkt. Übrigens: Auch hinter den Begriffen »Glukose«, »Maltose«, »Dextrose«, »Fruktose« und »Saccharose« verbirgt sich – nichts anderes als Zucker. Immer noch besser als ein zu süßes Müsli: die Frühstücksschnitte aus Vollkorn. Im Vergleich zu Weißbrot oder (Weißmehl-)Brötchen enthält sie die vier- bis fünffache Menge an Vitaminen, Mineralstoffen und Spurenelementen. Dazu gehören B-Vitamine und Magnesium – Stoffe, die für die Kopfarbeit wichtig sind. Aber auch Eisen und Kalzium. Außerdem Ballaststoffe, die die Verdauung fördern. Die komplexen Kohlenhydrate des Vollkorngetreides gehen allmählich ins Blut. So halten sie den Blutzuckerspiegel konstant, machen satt und liefern Langzeitenergie.

Die Vollkornmahlzeit (als Müsli oder kerniges Brot) hat noch einen weiteren Vorteil: Kräftiges Kauen entstaut die venösen Geflechte im Schädel, löst also Blockaden in unserer Denkzentrale. Mit dem Mahlen und Zupacken der Zähne kann auch das Selbstbewusstsein wachsen – »Biss« für den Tag.

Übrigens: Lassen Sie das Frühstück nicht ausfallen, etwa um Kalorien zu sparen. Wer das tut, riskiert Heißhungerattacken spätestens am Nachmittag und Fressorgien am Abend. Der ganze Essrhythmus verschiebt sich immer weiter zum Abend hin. Der Körper wird über Nacht mit Verdauungsaufgaben belastet und kann sich nicht wirklich erholen. Wer dann anderntags zerschlagen aufwacht, braucht sich darüber nicht zu wundern.

Zehn wirkungsvolle Methoden, wie Sie tagsüber den toten Punkt überwinden

1. *Die Pulsdusche:* Halten Sie Ihre Handgelenke abwechselnd unter kaltes und warmes Wasser.
2. *Entspannung:* Schließen Sie für zehn Minuten Ihre Tür, setzen Sie sich, und stellen Sie sich in Höhe Ihres Solarplexus eine warme Quelle vor – konzentrieren Sie sich.
3. *Der Aromatrick:* Eine Duftlampe kann Wunder wirken (falls Sie nicht allein im Raum sind, fragen, ob das stört).
4. *Richtig trinken:* Grüner Tee wirkt sanft und hält länger wach als Kaffee. Besonders gut: Matetee aus Südamerika.
5. *Nackenübungen:* Ohne einen entspannten Nacken ist eine gute Durchblutung des Gehirns nicht möglich. Also öfter Kopf und Schultern kreisen lassen.
6. *Fingerartistik:* Aus China stammt folgende wirkungsvolle Konzentrationsübung: beide Hände ausstrecken, Daumen zuerst einknicken, wieder strecken. Diese Übung nach und nach mit allen Fingern zehnmal wiederholen.
7. *Leichtes Essen:* Eine kleine Zwischenmahlzeit (Nüsse, eine Banane) sorgt für einen Energieschub.
8. *Fenster öffnen:* Viele vergessen es – Sie brauchen zwischendurch mal frische Luft!
9. *Kopfkino:* Lassen Sie einen kleinen, ermunternden Film vor Ihrem inneren Auge ablaufen – denken Sie an etwas Schönes.
10. *Bewegung:* Einfach mal rausgehen, schon ein kleiner Fünf-Minuten-Spaziergang bringt Sie auf andere Gedanken und in Schwung.

Bei Müdigkeit im Büro: keinesfalls stur am Schreibtisch sitzen bleiben, sondern aktiv werden, sich Bewegung verschaffen, sich kurzzeitig auf andere Dinge konzentrieren.

WIE SIE STRESS VERMEIDEN

»War das heute wieder ein Stress.« »Bitte entschuldige, aber ich bin jetzt total im Stress.« Ständig hören wir solche Klagen.
Schüler haben Schulstress, Studenten Prüfungsstress, Berufstätige leiden unter stressigen Jobs oder Kollegen, die Stress machen. Fast alle Polizisten, Krankenschwestern, Ärzte, Lehrer fühlen sich durch Stress besonders belastet, aber auch Mütter und besonders Frauen, die die Doppelbelastung Haushalt und Beruf managen müssen. Für die meisten Autofahrer bedeutet Auto fahren Stress. Selbst die Freizeit ist häufig schon mit Stress belastet: Familienfrust, Terminstress, Fernsehlangeweile. Alltagsstress, Behördenstress, Beziehungsstress dominieren unser Leben.
Es gab mal Zeiten, da war Stress so eine Art Privileg. Motto: Je mehr Stress, desto erfolgreicher. Nur Manager und Bosse, also viel beschäftigte und hoch dotierte Verantwortungsträger, litten unter Stress – die Folge von ständigen Sitzungen, Ärger, Hektik, Überanstrengung. Stress – ein durch den Terminkalender übertragbares Virus.

Stress als Statussymbol – das ist out. Jetzt sind eher Lässigkeit und Liebenswürdigkeit gefragt – also genau das Gegenteil vom Gestresstsein.

Stress – ein gestresster Begriff

Stress ist zum Modewort geworden, das alles und doch nichts sagt. Früher lauerten offenbar überall Krankheitskeime, und heute ist es eben der Stress.
Allerdings: nichts mehr mit Statussymbol Stress. Total Gestresste sind kaum mehr geeignet für den Karrieretrip. Gefragt sind jetzt eher Lässigkeit und Liebenswürdigkeit – trotz ziemlichen Drucks cool und leistungsfähig bleiben – Eigenschaften also, die das Gegenteil von Gestresstsein sind. Stressstabilität – eine wichtige Anforderung nicht nur für beruflichen Erfolg. Natürlich auch für die Gesundheit.

Wie wir Druck erleben

Schreckliche Nervosität und Spannung, Gereiztheit, Ängste – solche Stichwörter fallen zum Thema »Stress«, wenn man sich im Bekanntenkreis umhört. Schweißausbrüche, rasendes Herzklopfen, zitternde Hände oder Kopfschmerzen als Begleiterscheinungen. Der Hamburger Psychologe Professor Reinhard Tausch ist seit 20 Jahren dem Phänomen Stress auf der Spur. Er kategorisiert die Stressbelastungen folgendermaßen:

Hände weg von Tabletten gegen Stress! Die so genannten Glückspillen sorgen bestenfalls kurzfristig für Erleichterung.

Gefühle bei Stress

Erregung – Spannung – Ungeduld – Ärger – Wut – Reizbarkeit – Zorn – Überlastung – Enttäuschung – Verzweiflung – Bitterkeit – Unsicherheit – Resignation – Traurigkeit – Kraftlosigkeit.

Körperempfindungen bei Stress

Herzklopfen – schnellerer Puls – schnelleres, flacheres Atmen – Zittern der Hände – Schweißausbruch – Verspannung – Steifheit mit leichten Schmerzen, besonders im Rücken-, Hals-, Schultergebiet – unangenehme Empfindungen im Magen-Darm-Bereich – Kopfschmerzen bzw. Migräne.

Gedanken bei Stress

Schnelle, rasende, immer wiederkehrende Gedanken über die Beeinträchtigung – Gefährdung – »Werde ich es schaffen?« – »Ich schaffe es nicht!« – »Es ist zu schwer!« – »Was soll ich tun?« – »Wie furchtbar!« – »Wie gemein von den anderen!« – »Ich mag diesen Menschen nicht« – »Ich bin wehrlos« – »Ich bin verlassen, verloren« – »Er/Sie will mich vernichten!« – »Es wird böse enden« – »Ich bin ein Versager«.

Verhalten und Handlungen bei Stress

Eher hastig – kopflos, planlos-unüberlegt – Neigung zu Brüllen, Radikalität, Aggressivität, Gewalt oder Resignation, Unentschiedenheit – Rückzug, Flucht – emotionales Klagen – Selbstmitleid – Vorwürfe – Beschuldigungen – unkontrollierte Nahrungsaufnahme – Kettenrauchen – Alkoholkonsum.

Was ist Stress wirklich?

Stress ist ein »Ereignis oder eine Situation, die wir als einschränkend-bedrohlich für unser Wohlbefinden wahrnehmen« (Tausch). Stress ist die Angst, es nicht zu schaffen. Uns erscheint eine bestimmte Situation zu schwierig, wir fürchten, uns fehlen die Fähigkeiten zur Bewältigung. Das erzeugt negative Gefühle. Wir spüren eine unangenehme körperliche Spannung. Wir fühlen uns ausgeliefert. Allerdings: Wir fühlen uns schon dann weniger ausgeliefert, wenn wir die Vorgänge und Zusammenhänge bei der Stressentwicklung verstehen. Dann können wir auch besser mit Stress umgehen.

Ähnlich wie bei Angst stößt der Körper in Stresssituationen Adrenalin aus. Bei Erwartung eines positiven Ausgangs kann dieser Hormonschub auch enorm leistungssteigernd wirken.

Ein natürliches Gefühl

Nüchtern betrachtet ist Stress die körperliche Antwort auf Außenreize. Wenn der Puls rast und der Atem stockt – auch das sind Stressreaktionen, die wir erleben, wenn wir uns z. B. verlieben. Stress kann also auch etwas Wunderbares sein. Liebe oder Hass, Freude oder Schock, Lust oder Verlust, ob ein scheußliches oder ein schönes Ereignis – immer sind unsere Körperreaktionen in Stresssituationen ähnlich. Ein Leben ohne Stress würde übrigens das Leben gähnend langweilig machen.

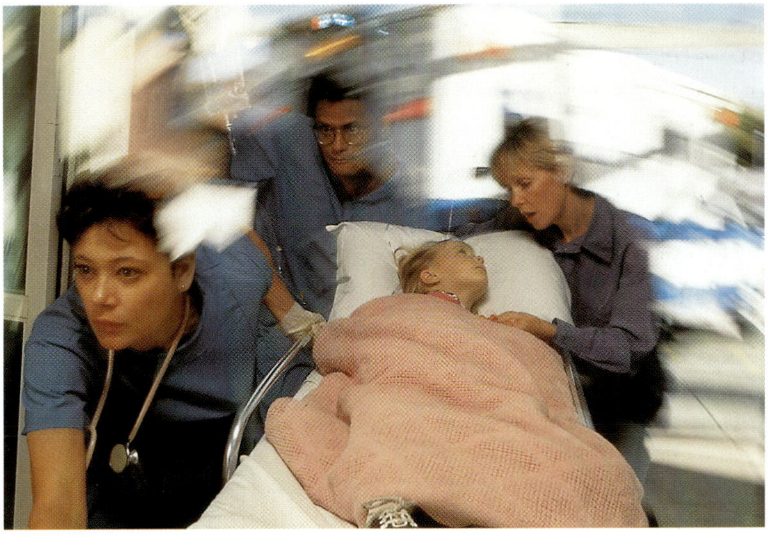

Natürlich gibt es Extremsituationen, in denen Stress unausweichlich ist. Aber im Alltag ist der meiste Druck selbst gemacht und lässt sich oft vermeiden.

Der Instinkt ist in vielen Situationen des menschlichen Lebens durch Intelligenz ersetzt worden. Versuchen Sie, in Stresssituationen einen kühlen Kopf zu bewahren. Analysieren Sie, was den Druck ausgelöst hat.

Es geht ums Überleben

Stress – das ist eine segensreiche biochemische Kettenreaktion. Stress war für Steinzeitmenschen eine Überlebenspolice in Momenten der größten Gefahr. Wenn sich da plötzlich ein Bär aufbaute. Was tun? Draufhauen oder abhauen? Stress setzte den Körper in Alarmbereitschaft. Blitzschnell konnte der Körper sämtliche Kräfte, alle Reserven mobilisieren. Flucht oder Kampf – für beides war der Körper bereit. Allerdings: Was früher überlebenswichtig war, wirkt sich heutzutage eher ungünstig für uns aus. Wenn wir z. B. in einem Stau stecken, wenn wir Ärger am Arbeitsplatz oder mit dem Partner haben – da ist die körperliche Alarmierung doppelt nachteilig.

Erstens würden wir es mit entspannter Konzentration und ruhigem Reagieren weiter bringen. Zweitens ist in unserem Alltag kaum mehr vorgesehen, Stress körperlich abzureagieren. Wir modernen Menschen schmoren gewissermaßen im eigenen Stresssaft – weil wir nach Alarm und Mobilmachung weder flüchten noch kämpfen.

Körper und Stress

Unser Körper ist eine Wundermaschine. Unser Nervensystem empfängt pro Sekunde 100 Millionen Reize, die dann mit Überschallgeschwindigkeit übertragen werden.

- Die Blutzufuhr zum Gehirn steigt an, damit wir schneller denken können. Die Hirnanhangsdrüse setzt ein Hormon frei, löst die Ausschüttung von Adrenalin und Steroiden aus: Alarmzustand.
- Das Gehör wird geschärft. Tiere spitzen die Ohren (bei Menschen hat sich dieser Reflex verloren).
- Der Kopf dreht sich automatisch zur Reizquelle: bestmögliche Wahrnehmung.
- Der Atem wird schneller, die Lunge lädt das Blut mit mehr Sauerstoff auf.
- Die Pupillen erweitern sich: mehr Sehkraft.
- Die Haare sträuben sich. Man wirkt dadurch größer, mächtiger, bedrohlicher.

- Der Ausstoß von Magensäften erhöht sich: mehr Nährstoffe, mehr Energie und Power.
- Die Muskeln sind gespannt: Kampfbereitschaft.
- Der Blutdruck steigt: bessere Versorgung der Betriebssysteme.

Zu viel Stress macht krank

Stress ist, wie schon erklärt, die Angst zu versagen. Stress ist nichts anderes als eine besondere körperliche Reaktion auf eine besondere Belastung. Normalerweise keine schädliche, sondern eine nützliche Anpassung des Organismus an einen Außenzustand. Körper und Psyche sind erst dann überfordert und schließlich krank, wenn es allzu oft und allzu intensiv zu Stressbelastungen kommt. Wenn immer wieder Stresshormone den Körper durchströmen. Wenn der Körper zwischendurch keinerlei Erholung, Entspannung erlebt und er durch psychische oder physische Überforderung allmählich zermürbt wird. Wenn wir uns nicht mehr als Herr der Lage fühlen. Dann kann Stress wirklich krank machen.

Dauerstress kann zu ernsten Krankheiten führen. Über das so genannte Burn-out-Syndrom klagen immer mehr Menschen. Merkmale: ein ständiges Gefühl von Überlastung, Müdigkeit, Unkonzentriertheit, Depression.

Das Verhalten macht's

Wir begeben uns auch unnötig in Stresssituationen – durch falsches Verhalten. Hausgemachter Stress macht ebenso krank wie der Druck von außen. Die Hauptfehler:

- **Aggressionen schlucken** (statt zu seinen Gefühlen zu stehen und sie positiv zu lösen, werden sie gegen die eigene Person gerichtet)
- **Gefühle nicht ausleben** (Wut, Freude, Trauer, Schmerz, Liebe haben im Berufsleben scheinbar nichts zu suchen. Kann dazu führen, dass man sie ganz versteckt, im Innern brodelt's aber weiter – bis zur plötzlichen, unerwarteten Entladung)
- **Eigene Bedürfnisse unterschlagen** (anderen Gutes tun ist natürlich o.k. – aber jeder will selbst mal gehätschelt werden, sonst fühlt man sich irgendwann ausgenutzt – und gestresst)
- **Ständige Selbstüberforderung** (man verlangt zu viel von sich und überhäuft sich mit Aufgaben, die gar nicht alle zu erfüllen sind; das führt oft zu einem schlechten Gewissen gegenüber anderen. Ein Beispiel dafür sind Frauen in der Doppelrolle als Mutter und Berufstätige)

Lesen Sie sich die nebenstehenden Sätze genau durch. Welche Aussagen können Sie für sich bestätigen? Kreuzen Sie diese an, zählen Sie sie zusammen, und lesen Sie dann die Auswertung auf Seite 76.

Testen Sie Ihre beruflichen Belastungen

Welchen Stresssituationen fühlen Sie sich ausgeliefert?

- ❑ Ich soll immer alles in sehr kurzer Zeit erledigen und fühle mich dauernd unter Termindruck.
- ❑ Wir haben ständig zu wenig Personal.
- ❑ Ich werde immer nur kritisiert.
- ❑ Wenn etwas schief geht, hält niemand zu mir.
- ❑ Ich werde selten gelobt.
- ❑ Man sagt mir immer, was ich machen soll.
- ❑ Andere halten sich nicht an Absprachen.
- ❑ Wenn ich Aufgaben bekomme, weiß ich oft nicht genau, was gemeint ist.
- ❑ Bei uns arbeitet jeder für sich allein.
- ❑ Andere behindern meine Arbeit, weil sie schlecht vorbereitet sind.
- ❑ Bei uns kämpft jeder gegen jeden.
- ❑ Ich habe Verantwortung für andere.
- ❑ Ich muss zwischen Mitarbeitern und Vorgesetzten ständig vermitteln.
- ❑ Ich stehe auf dem Weg zur Arbeit oft im Verkehrsstau.
- ❑ Ich habe mich beruflich verändert (neue Stelle, Aufstieg, Abstieg, Pensionierung).
- ❑ In meinem Privatleben hat sich Entscheidendes verändert (Heirat, Scheidung, Geburt, Einschulung, Kind verlässt das Haus, Tod eines Angehörigen).
- ❑ Ich habe finanzielle Sorgen.
- ❑ Ich werde in meinen Tätigkeiten häufig gestört.
- ❑ Ich bekomme oft nicht alle Infos, die ich brauche.
- ❑ Vieles, was ich tue, langweilt mich.

Wertung

»Trifft überwiegend nicht zu«: 0 Punkte
»Trifft überwiegend zu«: 1 Punkt

Auswertung siehe Seite 76

Testen Sie Ihre privaten Belastungen

Welchen Stress schaffen Sie sich selbst?

- ❑ Wenn ich um etwas gebeten werde, kann ich nur sehr schwer nein sagen.
- ❑ Ich nehme mir immer zu viel vor und schaffe dann mein Pensum nicht oder muss mich unheimlich beeilen.
- ❑ Ich vergesse oft die Zeit und gerate dann unter Druck.
- ❑ Ich sage oft nicht, was ich denke, und ärgere mich dann.
- ❑ Ich setze mich ein, wenn jemand benachteiligt wird.
- ❑ Alles, was ich tue, muss hundertprozentig sein.
- ❑ Ich mache lieber alles selbst, bevor ich lange darüber rede.
- ❑ Wenn etwas auf mich zukommt, denke ich: Das geht schief.
- ❑ Ich plane ungern. Motto: Ich werde schon durchkommen.
- ❑ Ich tue vieles, damit andere sich ein Beispiel an mir nehmen.
- ❑ Ich weiß, was für andere gut ist, und möchte, dass sie sich danach richten.
- ❑ Ich kann es nicht ertragen, wenn es Streit gibt, und versuche, sofort zu schlichten.
- ❑ Ich lasse mich gerne treiben.
- ❑ Bei neuen Dingen bin ich erst mal misstrauisch.
- ❑ Ich verhalte mich so, dass keiner meckern kann.
- ❑ Ich finde, dass ich ein schwereres Leben habe als andere.
- ❑ Ich kann oft nicht zwischen wichtig und unwichtig unterscheiden und will alles gleichzeitig tun.
- ❑ Wenn ich etwas nicht mitbekommen habe, traue ich mich nicht nachzufragen, weil ich nicht will, dass die Leute mich für begriffsstutzig halten.
- ❑ Ich löse gern die Probleme anderer, statt mich auf meine eigenen zu konzentrieren.

Wertung

»Trifft überwiegend nicht zu«: 0 Punkte

»Trifft überwiegend zu«: 1 Punkt

Auswertung siehe Seite 76

Bei Stress muss man unterscheiden zwischen dem Druck, den man von außen erfährt, und solchem Druck, den man sich selbst macht.

Wichtig ist, dass nicht zu viele Stressfaktoren (Stressoren) zusammenkommen. Einzelne Ursachen lassen sich dann wesentlich leichter in den Griff bekommen.

Belastungstest – Ihr Ergebnis

Test der beruflichen Belastungen

Auswertung

0 bis 5 Punkte Sie sehen sich durch äußere Belastungen nicht als gefährdet an. Wenn nichts weiter dazukommt, besteht keine Gefahr, dass Sie auf Dauer gestresst sind.

6 bis 10 Punkte Ihrer Punktzahl nach können Sie einiges an Stress aushalten. Achten Sie darauf, dass Sie sich nicht verrennen oder innerlich hart werden. Versuchen Sie unbedingt, aktiv zu werden und das eine oder andere zu ändern.

Mehr als 10 Punkte Sie fühlen sich stark belastet. Hilfe und Unterstützung durch Freunde, Bekannte und Familienmitglieder wäre für Sie jetzt sehr wichtig. Vielleicht ist sogar professionelle Hilfe angebracht.

Test der privaten Belastungen

Auswertung

0 bis 5 Punkte Nach Ihrer eigenen Einschätzung scheinen Sie mit Ihren Kräften gut haushalten zu können. Sie unterscheiden deutlich zwischen eigenen Bedürfnissen und den Anforderungen anderer und haben Ihre Aufgaben voll im Griff.

6 bis 10 Punkte Es sieht so aus, als ob Gesundheit, Wohlbefinden und Selbstzufriedenheit bei Ihnen in Gefahr seien. Sie haben offenbar Schwierigkeiten, eigene Ziele zu erkennen.

Mehr als 10 Punkte Nach Ihrer Einschätzung wollen Sie offenbar für sich und andere nur das Beste. Aber: Dadurch treiben Sie auf eine Krise (wie Erschöpfung oder Erkrankung) zu.

Quelle: Bundeszentrale für gesundheitliche Aufklärung

Wie Stress Ihr Wohlbefinden beeinträchtigt

Wir sind in diesen hektischen, anspruchsvollen Zeiten großen Erwartungen und Belastungen ausgeliefert, die unser Wohlbefinden beeinträchtigen. Stress droht uns auf vier Ebenen.

Selbst Kinder leiden heute schon unter Stress. Bei ihnen ist das meist ein Resultat von Reizüberflutung durch Fernsehen oder Computer, dazu schwierige Familienverhältnisse und Überforderung durch Eltern und/oder Lehrer.

Alltagsstress

- Zeitdruck, Eile, Hetze (Zuspätkommen)
- Ziele nicht erreichen können (Zug verpasst, Flieger versäumt)
- Lärm aller Art
- Ärgerliche Auseinandersetzungen
- Überlastung im Job
- Enge (zu kleine Wohnung, Kaufhausgedränge)
- Ungewissheit

Länger dauernde Stressbelastungen

- Ständiger Druck im Beruf
- Streit, Probleme in der Partnerschaft
- Prüfungen
- Wohnungs- und Geldsorgen

Dauerhafte Stressbelastungen

- Unbefriedigende Partnerschaft
- Über- oder Unterforderung im Beruf
- Überhöhte Erwartungshaltung an sich selbst
- Starke Minderwertigkeitsgefühle
- Übermäßiger Ehrgeiz

Schwerer Lebensstress

- Tod des Lebenspartners
- Scheidung bzw. Trennung vom Lebenspartner
- Starke Einsamkeit
- Arbeitslosigkeit
- Pensionierung
- Schwere Krankheit

Die Überreizung der Psyche und des Körpers ist gefährlich. Die Folgen können von Kopfschmerzen bis hin zum Herzinfarkt reichen.

Was Stress über kurz oder lang anrichtet

Auswirkungen	Kurzfristig	Langfristig
Auf den Körper	Beschleunigter Herzschlag, erhöhter Blutdruck, verstärkte Adrenalinausschüttung	Kopfschmerzen, Magengeschwüre, erhöhte Gefahr für Herz-Kreislauf-Erkrankungen
Auf das Erleben	Starke Anspannung, oft Frustration, schneller Ärger, Müdigkeit	Starke Unzufriedenheit, Depressionsgefahr, Zerschlagenheit, sinkendes Selbstwertgefühl
Auf die Leistung	Große Schwankungen, mangelnde Konzentration, viele Fehler	Gefahr der Alkoholabhängigkeit, Nikotinabhängigkeit, Arzneimittelabhängigkeit
Auf das Sozialverhalten	Erhöhte Aggressivität, größere Verschlossenheit	Eskalierende Konflikte, resignativer Rückzug in sich selbst

Körperliche Symptome für Stress

Häufige Kopfschmerzen, Zähneknirschen, Stottern, Zucken der Hände oder Lippen, Rücken- oder Gelenkschmerzen, Schwindelgefühle, Halluzinationen, Erröten, kalte und feuchte Hände und Füße, trockener Mund, Fieberbläschen, Ausbruch von Lippenherpes, Ausschläge, Juckreiz, unerklärliche Allergieanfälle, Sodbrennen, Brechreiz, Magenschmerzen, häufige Blähungen, Durchfall oder Verstopfungen, Atemnot, häufiges Seufzen, Panikanfälle, schneller Puls und heftiges Herzklopfen, häufiger Harndrang, vermindertes sexuelles Verlangen, Schuldgefühle, Nervosität, häufige Wutanfälle, Launenhaftigkeit, Depressionen, übermäßiger Appetit oder Appetitlosigkeit, Schlaflosigkeit, Alpträume, Konzentrationsschwierigkeiten, Vergesslichkeit, Unentschlossenheit, Weinkrämpfe, Gefühl der Einsamkeit und Wertlosigkeit, Frustration, Gereiztheit, Überreaktion bei nichtigen Anlässen, verringerte Arbeitsleistung, schlechte Leistung mit Ausreden entschuldigen, hastiges Sprechen, Nuscheln, sozialer Rückzug und Isolation, ständige Müdigkeit, unbeabsichtigte Gewichtsabnahme oder -zunahme, Kaufwut, steigender Alkohol- und Nikotinkonsum, Medikamentenmissbrauch.

Besonders stressige Situationen

Die amerikanischen Stressforscher Prof. Dr. Thomas Holmes und Richard Rahe entwickelten einen Stresstest, der heute als Klassiker gilt. Sie bewerteten bestimmte belastende Lebensereignisse (Life Change Units), also Stressfaktoren, mit einem Punktesystem. Tatsächlich stellte sich bei Untersuchungen heraus, dass zwei Drittel aller Testpersonen, die bei ihrem Stresstest auf mehr als 300 Punkte kamen, in den folgenden zwei Jahren schwer erkrankt sind.

Lachen gegen Stress: ein Mittel, das tatsächlich wirkt, weil dabei vermehrt Stresshormone abgebaut werden.

Den Kopf in den Sand stecken. Die Vogel-Strauß-Politik scheint zwar manchmal der letzte Ausweg zu sein, ist aber grundlegend verkehrt bei Stress.

Stressige Situationen gibt es viele. Die amerikanischen Stressforscher Prof. Dr. Thomas Holmes und Richard Rahe entwickelten ein Bewertungssystem, das besagt, was für uns Menschen besonders stressig ist.

Der klassische Stresstest

Stressfaktoren	Stresspunkte
1. Tod des Lebenspartners	100
2. Scheidung	73
3. Trennung vom Partner	65
4. Gefängnisaufenthalt	63
5. Tod eines nahen Verwandten	63
6. Krankheit	53
7. Heirat	50
8. Arbeitsplatzverlust	47
9. Versöhnung mit dem Partner	45
10. Ruhestand	45
11. Erkrankung eines Verwandten	44
12. Schwangerschaft	40
13. Sexuelle Schwierigkeiten	39
14. Familienzuwachs	39
15. Umorganisation im Büro	39
16. Finanzielle Veränderungen	38
17. Tod eines Freundes	37
18. Beruflicher Aufgabenwechsel	36
19. Häufiger Ehestreit	35
20. Größeres Darlehen	31
21. Änderung der beruflichen Verantwortung	29
22. Kinder verlassen das Haus	29
23. Ärger mit Verwandten	29
24. Besondere persönliche Leistungen	28
25. Partner beginnt/beendet Beruf	26
26. Beginn/Ende der Ausbildung	26

Der klassische Stresstest

27. Änderung der Lebensumstände	26
28. Ärger mit Vorgesetzten	23
29. Änderung der Arbeitsbedingungen	20
30. Wohnungswechsel/Schulwechsel	20
31. Änderung des Freizeitverhaltens	19
32. Veränderte kirchliche Aktivitäten	19
33. Veränderte gesellschaftliche Aktivitäten	18
34. Kleineres Darlehen	17
35. Änderung der Schlafgewohnheiten	16
36. Mehr/weniger Familientreffen	15
37. Änderung der Essgewohnheiten	15
38. Urlaub	13
39. Weihnachten	12
40. Geringfügige Gesetzesübertretung	11

So führen Sie den Test durch
Lesen Sie die Punkte 1 bis 40 in Ruhe durch, und kreuzen Sie an, welche Stressfaktoren auf Ihre momentane Situation zutreffen. Sie merken schon: Die Liste ist nicht nach Sinnzusammenhängen geordnet, sondern nach der erfahrungsgemäßen Intensität der jeweiligen Belastungen.

So werten Sie aus
Addieren Sie nun die Stresspunkte, die hinter den belastenden Faktoren stehen. Wenn Ihr Wert unter 100 liegt, haben Sie im Moment eine relativ niedrige Stressbelastung. Wenn Ihr Wert deutlich über 100 liegt, ist Ihre Stressbelastung schon bedenklich. Sie sollten gut abwägen, ob die Belastung für Sie tragbar, weil vorübergehend ist, oder ob Sie eventuell fremde Hilfe benötigen (Freunde, Aussprache mit Familienmitgliedern oder Arbeitskollegen, Therapeuten).

Aus einer chronischen Dauerbelastung kommt man selten allein wieder heraus. Das Gespräch mit einem Psychotherapeuten macht klar, ob eine Therapie jetzt sinnvoll wäre.

Seele und Stress

Es gibt positiven und negativen Stress; während der erste sich als Push und momentane Herausforderung auswirkt (Eustress), quält einen der andere durch Dauerbelastung und Versagensängste (Disstress). Verändert man seine Einstellung zu stressigen Situationen, kann Disstress zu Eustress werden – und Körper und Seele leiden weniger unter dem Druck.

Immer, wenn wir Situationen als bedrohlich einschätzen, wird – wie schon beschrieben – unser sympathisches Nervensystem aktiviert: Der Puls steigt, schnellere Atmung, Muskelverspannungen, Hormone (Adrenalin, Kortison) schießen durch unser Körpersystem. Wir empfinden innere Erregung, Gereiztheit, Ängste.
Stressexperte Professor Reinhard Tausch: »Für unsere körperliche und seelische Gesundheit ist es sehr wichtig, dass wir nach Stressbelastungen die Erregung des sympathischen Nervensystems rückgängig machen, es wieder normalisieren. Denn bei häufigen Stressbelastungen bilden sich die körperlichen und seelischen Vorgänge von allein nicht vollständig zurück.«

Hilfe zur Selbsthilfe

Pauschal gesagt: Wir können unsere seelische Erregung und Spannung – die Ängste, die Unruhe, die Kopfschmerzen etc. –, wir können alle Stressempfindungen durch Entspannungsübungen oder Bewegungstraining mindern und sogar völlig ausschalten. Wir müssen allerdings bereit sein, unsere Lebensführung zu überdenken, den Lebensstil in manchen Dingen zu korrigieren, d.h. an unserer Einstellung ganz allgemein zu arbeiten.
Professor Paul J. Rosch, der in den USA den Ruf als Antistresspapst genießt, sagt: »Stress ist ein unvermeidbarer Begleiter unseres Lebens. Wichtig ist unsere Reaktion auf Stress.« Beispiel Achterbahn. Da sitzen manche hinten: völlig verkrampft, grün im Gesicht. Und vorne sitzen welche, die kreischen vor Vergnügen. Ein und dasselbe Ereignis wird völlig unterschiedlich erlebt und bewertet.
Professor Rosch rät: Versuchen Sie, Ihre Denkweise zu ändern. Sehen Sie schwierige Aufgaben und Situationen auch als Herausforderung, Ihre Fähigkeiten unter Beweis zu stellen.
Wie schon öfter betont: Jeder ist für sich selbst verantwortlich. Wie er sich fühlt, wie er Probleme und Personen bewertet – wie es ihm geht. Jeder kann sich selbst helfen.

Das Leben ist eine Berg- und Talfahrt. Es liegt auch in Ihrer Hand, wie lange Sie im Tal bleiben, bevor es dann wieder auf den nächsten Gipfel geht.

Erste Bestandsaufnahme

Praktizieren Sie, was Professor Tausch z. B. in seinen Stressseminaren macht. Er lässt seine Kandidaten auf Zetteln zunächst auflisten: »Meine Stressbelastungen«.

Stressseminare sind dann besonders nützlich, wenn man schon gar nicht mehr weiß, warum man eigentlich so gestresst ist – denn Selbsterkenntnis ist bekanntlich der erste Schritt zur Besserung.

1. Wo habe ich Stress in meinem Leben?

Was belastet mich? Womit belaste ich mich selbst?

2. Wie möchte ich mich verhalten und reagieren?

Was will ich ändern?

3. Was werde ich tun?

Was will ich lernen?

Wenn Sie wirklich wollen, können Sie den Stress auch in den Griff kriegen. Es gibt ganz einfache Übungen, mit denen Sie in Stresssituationen kurzfristig die Spannung mindern können. Und es gibt Techniken zur Stressbewältigung, die Ihr Problem mittel- und langfristig lösen. Allerdings ist es dazu unbedingt notwendig, dass Sie auch manche Ihrer Gewohnheiten korrigieren.

Die besten Tricks gegen Stress

Verspannungen kann man mit einfachen Übungen beikommen. Am besten setzen Sie sich eine feste Zeit für Ihre täglichen Lockerungsübungen; dann vergisst man sie nicht und drückt sich auch weniger leicht davor.

Wenn wir unter Strom stehen, wenn wir merken, dass wir gestresst werden – was können wir in dieser akuten Situation tun? Professor Christiaan Barnard, der berühmte Herzchirurg, empfiehlt:

- Sagen Sie »Halt!« zu sich selbst. Zählen Sie bis zehn.
- Atmen Sie langsam ein und wieder aus. Lassen Sie dabei die Schultern fallen, und entspannen Sie die Hände.
- Atmen Sie noch einmal tief ein, und überzeugen Sie sich, dass Ihre Zähne beim Ausatmen nicht zusammengepresst sind.
- Machen Sie noch einige ruhige Atemzüge.

Schauen Sie in die Ferne

Treten Sie ans Fenster, lassen Sie einfach Ihren Blick schweifen. Das hilft zu entspannen, abzuschalten. Sie drehen dem Problem erstmal den Rücken zu. Es ist wie bei einem pfeifenden Wasserkessel: Sie nehmen ihn von der kochenden Platte – und er hört auf zu nerven.

Lockern Sie Ihren Kiefer

Bei Stress beißen viele die Zähne aufeinander. Von dort breitet sich die Spannung über Schultern, Nacken und Hals aus, bis Sie sich total verspannt fühlen. Bewegen Sie den Unterkiefer, schieben Sie ihn hin und her. So verlieren die Kiefermuskeln ihre Spannung, und Sie gewinnen das Gefühl, nicht mehr verspannt zu sein.

Oder: Drücken Sie Ihre Zunge direkt hinter den vorderen Schneidezähnen an den Gaumen, dann loslassen. Das ist alles. Sie können spüren, wie sich die Kiefermuskeln entspannen.

Eine andere Möglichkeit: Öffnen Sie langsam Ihren Mund – so weit Sie können. Dann schließen Sie ihn wieder. Das sollten Sie zwei Minuten lang wiederholen.

Lächeln Sie

Ja, richtig gelesen! Entspannen Sie die Gesichtsmuskulatur durch Lächeln. Runzeln Sie die Stirn, heben Sie die Augenbrauen, so weit Sie können und so oft, bis sich auch die Stirn entspannt fühlt. Lächeln Sie. Spannen Sie die Lippen an. Mehrmals wiederholen.

Füße hochlegen

Legen Sie sich mit dem Rücken auf den Fußboden. Die Füße ruhen auf einem Stuhl. Mehr ist nicht zu tun. Diese Position entlastet den unteren Rückenbereich und wirkt allein dadurch entspannend.
Wenn Ihre Nackenmuskulatur verspannt ist, legen Sie sich z. B. ein zusammengerolltes Handtuch ins Genick, direkt unter die Schädelkante. Es ist gut, wenn Sie etwas Druck spüren. Wenn Ihnen aber schwindelig wird, brechen Sie ab.
Wenn Ihre Rückenmuskulatur verspannt ist, legen Sie das zusammengerollte Handtuch der Länge nach zwischen die Schulterblätter (für 10 bis 15 Minuten).

Pressen Sie Ihre Schläfen

Durch leichten Druck wird Schmerz gelindert – das Prinzip der Akupressur. Akupressur wirkt indirekt. Durch Massage der Nerven in den Schläfen werden z. B. auch Nackenmuskeln entspannt.

Weitere Akupressurpunkte finden sich an den Füßen und den Händen. Aber auch eine kurze Selbstmassage an Schultern und Nacken kann Kopfschmerzen erträglicher machen.

Tauchen Sie in warmes Wasser

Wenn wir angespannt oder ängstlich sind, zirkuliert weniger Blut durch unsere Gliedmaßen. Heißes Wasser fördert die Durchblutung deutlich. Der Körper fühlt sich wohler und entspannt. Es muss nicht mal ein Vollbad sein. Die Wirkung ist schon da, wenn Sie wärmeres Wasser über Hände und Unterarme laufen lassen.

Ruheort

Schaffen Sie sich zu Hause eine »stressfreie Zone« – einen Zufluchtsort der Ruhe. Dieser Platz sollte schnell erreichbar sein, wenn Sie Stress empfinden. Gehen Sie dorthin, wenn Sie sich ruhig und entspannt fühlen, und genießen Sie dieses Empfinden. In Stressphasen fühlen Sie sich bereits wohler, wenn Sie hierher kommen.

Tief durchatmen

Setzen Sie sich einen Moment lang ruhig hin. Schließen Sie am besten die Augen, das schirmt Sie ein wenig von der Außenwelt ab. Dann ein paarmal ganz tief ein- und ausatmen. Das entspannt.
Noch besser ist es, das Fenster dabei zu öffnen, dann atmen Sie frische Luft ein, die Ihnen einen klaren Kopf verschafft.

Nicht verlernen, auf die eigenen Bedürfnisse zu hören – das ist eine der wichtigsten Voraussetzungen, um sich pudelwohl in seiner Haut zu fühlen und Stress abzubauen.

Antistressübung

- Legen Sie sich rücklings auf ein großes Badetuch
- Die Arme liegen seitlich neben dem Körper
- Die Augen schließen
- Gleichmäßig atmen

Bei allen folgenden Übungen jeweils 10 Sekunden anspannen, dann 20 Sekunden Pause:

- Die Zehen zum Körper hin beugen (gut für Unterschenkelmuskulatur)
- Die Füße vom Körper wegstrecken und die Unterschenkel gegen den Boden drücken (gut für Oberschenkelmuskulatur)
- Die Fersen auf den Boden drücken (Gesäßmuskulatur)
- Handflächen auf den Boden legen, Fingerspitzen aufstellen und gegen den Boden drücken (Handmuskulatur)
- Die Hände zu Fäusten ballen, die Ellenbogen gegen den Boden drücken (Oberarmmuskulatur)
- Grimassen schneiden (Gesichtsmuskeln; auch hier jede Stellung 10 Sekunden lang halten, dann 20 Sekunden Pause)
- Schulterblätter gegen den Boden drücken (gut für die Rückenmuskulatur)
- Arme seitlich gegen den Körper pressen (Brustmuskulatur)
- Abschließend alle Muskeln gleichzeitig anspannen, danach alle völlig locker lassen und noch ein paarmal ruhig und ganz bewusst ein- und ausatmen

Legen Sie eine Beruhigungskassette ein

Legen Sie sich auf den Boden, atmen Sie ein paarmal tief und bewusst. Sammeln Sie sich. Musik kann stimulierend, ermunternd oder entspannend sein. Lauschen Sie einer angenehmen Stimme vom Band. Oder Naturgeräuschen. Dem Wind, dem Meer, den Bäumen. Auch New-Age-Musik wirkt entspannend (z.B. Kitaro). Sanfte Musik hat auf viele Menschen eine beruhigende Wirkung. Empfehlenswert auch klassische Musikwerke. Beispielsweise Händels »Konzert für Harfe«, das »Klavierkonzert Nr. 1« von Johannes Brahms oder die »Fünfte Symphonie« von Tschaikowsky.

Ernährung – Nervenfutter und Stresskiller

Gerade in Phasen besonderer Belastung benötigt der Körper mehr Vitamine, Mineralstoffe und Aminosäuren. Denn die durch Stress ausgelösten Stoffwechselvorgänge verbrauchen viele Vitalstoffe. Wer daher seine Speicher gut aufgefüllt hat, sorgt auch für größere Belastbarkeit. Es genügt leider nicht, nur einzelne Nährstoffe zuzuführen, um in Stresszeiten gut gerüstet zu sein – dazu ist der Stoffwechsel zu komplex. Wir müssen uns generell vitalstoffreich und ausgewogen ernähren – also essen Sie viele Vollkornprodukte, Obst, Gemüse, aber auch Fleisch (in Maßen), Fisch und Meeresfrüchte.

Nicht nur das, was man isst, sondern auch das Wie ist wichtig: sich genügend Zeit nehmen und bewusst essen – an einem schön gedeckten Tisch, ohne Fernseher oder Tageszeitung.

Lebensmittel, die gelassen machen

- Eine Portion Haferflocken (60 Gramm) deckt ein Viertel des Tagesbedarfs an Vitamin B1. Kombiniert mit Früchten und Milchprodukten ist sie eine gute Basis.
- Die Banane ist reich an Vitamin B6 und Magnesium. Magnesium spielt eine Schlüsselrolle als Stresskiller, weil es an wichtigen Enzymreaktionen beteiligt ist.
- Vitamin B6 und Pantothensäure (in Bierhefe, Vollkorn) sowie Vitamin C (in frischem Obst) sind wichtige Antistressvitamine.
- Kürbis- und Sonnenblumenkerne, Nüsse (Studentenfutter) liefern viel Magnesium. Kräftiges Kauen ist gut für Stressabbau.
- Hähnchenbrust versorgt uns mit dem Nervenvitamin B1 und wertvollen Eiweißbausteinen (bei gleichzeitig niedrigem Fettgehalt).
- Ideal: Vor dem Zubettgehen noch schnell ein Häppchen Eiweiß pur (ca. 30 Gramm Fisch, Fleisch, Geflügel, Tofu) essen; dazu sollte man den Saft einer Zitrone trinken.
- Die Aminosäuren in Eiweiß sind gut für die Nerven. Und die Zitrone liefert einerseits Vitamin C, andererseits fördert ihre Säure die Eiweißverwertung im Magen.
- Schokolade, lange Zeit als Kalorien- und Cholesterinbombe verteufelt, erfüllt als Seelennahrung einen guten Zweck. Aber: Süßigkeiten in Verbindung mit Kaffee sind tabu. In dieser Kombination wird nämlich der Blutzuckerabbau beschleunigt.

Geben Sie dem Stress keine Chance

Prioritäten setzen und auch mal nein sagen, denn allen recht machen kann man es sowieso nie – also sollte man wenigstens sich selbst zufrieden stellen.

Wir sollten uns immer wieder bewusst machen, was uns denn am meisten stresst. Wir schaffen uns viel überflüssigen Stress selbst – weil wir zu wenig gelassen sind, zu oft überreagieren. Der tägliche kleine Ärger ist es, den man sehr häufig zu verdrängen versucht, nicht als Signal nimmt, um die störenden Bedingungen zu verändern, und der sich dann langfristig zu erheblichen Stresserfahrungen auftürmt. »Die Leute machen sich den Druck meist selbst«, sagt Prof. Dr. Dieter Hackfort (Universität der Bundeswehr in München) ganz deutlich. »Wir sind nicht nur am Arbeitsplatz dem Erfolgszwang ausgesetzt, sondern suchen auch in der Freizeit sehr oft Situationen, die mit hohen Leistungsansprüchen, aber auch mit starken Erlebnissen verbunden sind. Stress – als Gelegenheit, Erfolg und Anerkennung zu erreichen.«

Lernen Sie, nein zu sagen

Wir muten uns oft zu viel zu, wir wollen zu viel auf einmal, wir manövrieren uns damit unnötig in Stresssituationen.

- Wägen Sie also rechtzeitig ab, was für Sie wirklich wichtig ist und was nicht.
- Setzen Sie sich realistische Termine. Zeitdruck muss nicht sein.
- Planen Sie – und lassen Sie sich nicht unnötig verplanen.

Tagespläne und Wochenstrukturen schaffen Übersicht. Vermeiden Sie, ständig irgendwelche Verpflichtungen zu übernehmen. Sagen Sie lieber freundlich ab, wenn Sie fühlen, das könnte eng werden. Weniger ist häufig mehr. Weniger Leute kennen, dafür aber einige echte Freunde, ist mehr wert, als jeden Abend mit jemand anderem auszugehen und doch immer nur an der Oberfläche zu bleiben.

Müssen Sie dauernd auf der Überholspur leben, muss dauernd Volldampf sein? Wer in seinem Leben Ruhe bewahren will, muss auch Phasen der Entspannung zulassen.

Bewegung – bestens gegen Stress

Es gibt drei besonders wirksame Methoden, Stress abzubauen und verlorene Energie wieder aufzubauen: 1. Bewegung, 2. Bewegung, 3. Bewegung.

Empfehlenswert sind (pro Woche drei- bis fünfmal):
- Langsamer Dauerlauf (20 bis 30 Minuten reichen schon)
- Schnelles Gehen (40 Minuten)
- Rad fahren
- Schwimmen
- Gymnastik, Aerobic
- Wandern
- Skilanglauf
- Fitnesstraining
- Sportliche Spiele (Volleyball, Tischtennis, Tennis)

Sich so richtig abreagieren – das hilft beim Stressabbau. Und kann man sich für regelmäßigen Sport nicht so recht begeistern, warum nicht mal mit Volldampf das Treppenhaus erstürmen?

Muskeln anspannen

Warum wirkt Bewegungstraining so günstig gegen Stress? Professor Tausch meint dazu, dass die bei seelischen Belastungen auftretende Aktivierung des sympathischen Nervensystems, also die Anspannung der Muskeln und die schnelle Atmung, in vielen Belastungssituationen nicht in äußere körperliche Aktivität umgesetzt werden kann. Bewegung ist bei vielen Stressbelastungen (Auto fahren, Job, Prüfung) leider unmöglich oder unerwünscht. Der erhöhte Stresspegel bleibt.

Ganz neue Einblicke im Wasser. Schwimmen gehört mit zu den gesündesten Sportarten überhaupt.

Den Kopf freimachen

Entspannungsphasen sind enorm wichtig: Der Blutdruck fällt, und die Stresshormone im Blut werden weniger. Davon profitiert nicht nur das Immunsystem, sondern man ist dann auch viel ausgeglichener.

Sport verringert die Ausschüttung von Stresshormonen. Bewegungstraining hat folgende seelische Auswirkungen:
Größeres Wohlgefühl – deutliche seelische Entspannung – Zunahme von Selbstvertrauen und Spontaneität – Verminderung von Ängsten, Depressionen und sorgenvollem Grübeln – Schwierigkeiten werden als weniger dramatisch und bedrohlich wahrgenommen – geringere seelische Erregung bei Stressbelastungen (das durch Bewegung trainierte Herz wird durch Stresshormone weniger erregt).

Sechs kurzfristige Stressstrategien

1. Spontane Entspannung Zur Lockerung der Muskulatur. Unangenehme Zustände wie Angst, Wut oder Ärger lassen den Körper verkrampfen. Durch kurzfristige Entspannung können Sie sich lockern. Beispielsweise tief durchatmen oder einzelne Körperpartien abwechselnd an- und entspannen (wie Sie das genau machen sollten, steht auf Seite 86). Konzentrieren Sie sich auf die unterschiedlichen Auswirkungen auf Ihre Muskeln.

2. Positives Selbstgespräch Sprechen Sie sich selbst Mut zu. Versuchen Sie, Abstand zu gewinnen und die Situation aus einer anderen Perspektive zu sehen.

3. Abreagieren Reagieren Sie die durch Stress erzeugte Negativenergie auf einer anderen Ebene wieder ab. Das gelingt am besten durch körperliche Aktion (Stretching, Schwimmen, Rad fahren, Laufen – oder Schreien). Oder boxen Sie z. B. auf einen Sandsack ein.

4. Wahrnehmungslenkung Bei der inneren Wahrnehmungslenkung sollen die eigenen Gedanken von der Belastung abgezogen werden. Ersetzen Sie bewusst die belastenden Gedanken durch positive oder neutrale (beispielsweise indem Sie an einen schönen Urlaub denken). Bei der äußeren Wahrnehmungslenkung streuen Sie Aktivitäten ein, die vom Stressor ablenken. Das können z. B. ein Kurzurlaub bei Freunden oder ein Kinobesuch sein.

5. Verringerung des Stressors Je nach Art des Stressors sollte es auch kurzfristig zu einer Entspannung der Situation kommen, wenn Sie einen Stressor bewusst reduzieren oder ausschalten. Kleinigkei-

ten können wahre Wunder bewirken. Manchmal genügt es schon, wenn Sie das Telefon abstellen oder eine bestimmte Person meiden.
6. Mental Abstand gewinnen Versuchen Sie, die Dinge, die Sie gedanklich am meisten gefangen nehmen, einfach mal loszulassen. Versuchen Sie, das Problem, mit dem Sie sich gerade herumschlagen, von einer anderen Perspektive aus zu sehen – und lassen Sie locker.

Visualisierungstechniken lassen sich durch NLP (neurolinguistisches Programmieren) erlernen. Man führt sich den exakten Ablauf einer Situation immer und immer wieder vor Augen; dadurch verliert sie an Schrecken, und man bekommt das Gefühl: Das ist ja doch zu schaffen.

Sechs langfristige Stressstrategien

1. Dauerhafte Entspannung Sie erhöht nicht nur die allgemeine Stressresistenz. Entspannungsmethoden wie Tai Chi, Yoga, Meditation und autogenes Training helfen auch wirkungsvoll bei schon eingetretenen Stressschäden.
2. Desensibilisierung Eine Stressreduzierung können Sie auch erreichen, indem Sie sich die belastende Situation immer wieder gedanklich vorstellen und sich zugleich entspannen. Haben Sie beispielsweise Angst, einen Vortrag zu halten, gehen Sie gedanklich immer wieder den genauen Ablauf Ihrer Rede durch, und lockern Sie sich dabei nach dem Prinzip der »spontanen Entspannung«.
3. Problemlösung Systematisches Vorgehen erleichtert es Ihnen, das Problem in seine Einzelteile zu zerlegen, um es so leichter in den Griff zu bekommen. Sie werden feststellen, dass sich in den meisten Fällen akzeptable Lösungen finden lassen.
4. Training Bestimmte Fähigkeiten zu erlernen, die Ihnen bisher schwer gefallen sind (z.B. Präsentation in Seminaren), ist eine gute Methode, sich in Stresssituationen angemessen zu verhalten. Dank Ihrer neuen Fertigkeiten können Sie den Stressor minimieren oder sogar aus der Welt schaffen.
5. Gespräch Häufig entsteht Stress durch gestörte Kommunikation. Mit einem klärenden Gespräch oder einer kurzen, aber deutlichen Aussprache lassen sich viele zwischenmenschliche Probleme lösen.
6. Einstellungsänderung Oft ist die eigene Einstellung zur Situation nicht angemessen. Vorurteile, Schuldgefühle oder negative Erfahrungen hindern an einer realistischen Sicht der Dinge. Bitten Sie ehrliche Freunde oder vertrauenswürdige Kollegen um Rat – und um eine neutrale Einschätzung des Problems.

WIE SIE RICHTIG RELAXEN

Stress muss uns keine Angst mehr machen. Stress ist, wie im vorigen Kapitel beschrieben, etwas ganz Natürliches. Allerdings lässt er sich nicht völlig aus unserem Leben verbannen. Das können wir nicht – und das sollten wir auch gar nicht versuchen. »Völliges Fehlen von Stress bedeutet den Tod«, erkannte Hans Selye, Arzt und Begründer der Stressforschung. Wer sich nämlich dauerhaft unterfordert, wer im Schongang durchs Leben schleicht, wer körperlich und seelisch nicht beweglich bleibt – der kann ebenso Stressopfer werden wie all jene, die sich permanent überfordern.
Entscheidend ist nur, wie Sie damit umgehen. Sie müssen lernen, den Stress zu regieren – und nicht umgekehrt. Das gelingt Ihnen am besten mit der richtigen Entspannung.

Ein Buch lesen, Bummeln, eine Tasse Tee trinken oder Freunde treffen – alles, was man gerne macht, worauf man im Augenblick gerade Lust hat, ist gut für unser Wohlbefinden.

Entspannung bedeutet Ent-Spannung

Wie fast alles im Leben kommt es auch hier auf ein gesundes Gleichgewicht an: auf das richtige Verhältnis von Belastung und Entlastung. Das Bedürfnis nach Erholung ist biologisch programmiert. Psyche und Organismus des Menschen gehorchen dem Harmonieprinzip, dem Gesetz des Wechsels: Nach Monotonie ist Abwechslung gefragt, auf Anspannung muss Entspannung folgen.
Pausen, Auszeiten vom Alltag müssen unbedingt sein, wenn wir neue Kräfte sammeln wollen. Wir müssen regenerieren. Sonst brennen wir – im wahrsten Sinn des Wortes – aus (»Burn-out-Syndrom«). Der Preis von Daueraktivität und Nicht-abschalten-Können ist sehr hoch. Wir verlieren irgendwann unsere Leistungsfähigkeit, Spannkraft und

Gesundheit. Natürlich ahnen und befürchten wir es, aber befolgen wir diese simple Einsicht auch ausreichend? Fest steht: Bei dem enorm hohen Tempo unseres modernen Lebens bleibt die Kunst des Müßiggangs häufig auf der Strecke.

Jeder kennt das Gefühl: Jetzt brauche ich einen Tapetenwechsel. Es muss nicht immer eine Fernreise sein – schon ein Ausflug ins Grüne oder eine Tagestour zu einem reizvollen Ziel bringen Pepp in den manchmal grauen Alltag.

Die Kunst der Muße

Dabei hat uns die Natur ein biologisches Gegenprogramm mitgeliefert. Wir können durch Muße, Gelassenheit, Entspannung unseren Energiehaushalt ausgleichen. Erholen wir uns eigentlich richtig? Nein. Offensichtlich müssen wir das wieder lernen. Psychologen fordern sogar eine »Kultur der Entspannung«.
Schön und gut, aber Entspannung lässt sich nicht einfach verordnen. Leider ist sie auch kein Konsumartikel, der sich bequem kaufen lässt. Entspannung und Erholung sollten wieder selbstverständlicher Bestandteil unseres Lebens werden.

Ich bin von Kopf bis Fuß auf Nichtstun eingestellt, denn das ist jetzt meine Welt – und sonst erstmal gar nichts.

Entspannung ist etwas Aktives

Nein, es nützt wenig, wenn wir nur passiv auf Erholung und Entspannung warten. Wichtige Voraussetzungen sind:

- Dass wir wissen, wovon und wozu wir uns erholen wollen
- Dass wir den Übergang von der Beanspruchung zur Erholung konsequent und richtig gestalten

Für Professor Henning Allmer vom Psychologischen Institut an der Deutschen Sporthochschule Köln sind dazu drei Etappen notwendig:

- *Die Distanzierungsphase:* nach einer Beanspruchung den nötigen Abstand dazu schaffen
- *Die Regenerationsphase:* Energiespeicher auffüllen, das verkrampfte Muskelsystem entspannen, zur Ruhe kommen
- *Die Orientierungsphase:* Kopf und Körper langsam auf die neuerliche Beanspruchung einstellen

Auch Erholung braucht also eine Aufwärmphase. Auf einen abrupten Wechsel zwischen Alltagsstress und ungewohnter Ruhe würde der Körper mit Krankheitssymptomen reagieren.

Suchen Sie sich Ihren persönlichen Weg

Entspannung heißt, ganz einfach loszulassen. Entspannung bedeutet, sich für eine Weile auszuklinken aus der Welt und ihren Problemen – sich z. B. nicht mehr aufzuregen. Nehmen Sie sich einfach ein wenig Auszeit. Manchmal können schon ganz alltägliche Dinge ungewöhnlich entspannend wirken:

- Ein Spaziergang
- Schmökern
- Schmusen
- Mit Kindern spielen
- Hund oder Katze streicheln
- Baden
- Saunieren
- Leichte Gartenarbeit
- Tagebuch schreiben
- Gemütlich Musik hören

Für wirkliche Entspannung sorgen diese scheinbar profanen Tätigkeiten allerdings nur, wenn wir sie nicht nur nebenbei oder halbherzig tun – sondern ganz bewusst und hingebungsvoll.

Oft verlernt man in der Hektik des Alltags, wie entspannend Nichtstun sein kann. Doch gerade ruhige Momente sollte man genießen – ohne das stressende Gefühl, etwas zu verpassen, wenn man es sich bequem macht und ausgiebig vor sich hinträumt.

Nie zu viel vornehmen, sich nicht von In- und Out-Listen manipulieren lassen. Die oberste Maxime lautet: Wie es dir gefällt.

Wie Sie sich richtig erholen

Belastungssituation	Erholungssituation
»Ich fühle mich gelangweilt« (Monotonie)	Etwas Anregendes machen, Anspruchsvolles lesen, Denksportaufgaben lösen, Strategiespiele mit anderen spielen, Sport treiben, Gartenarbeit
»Ich fühle mich müde, ausgelaugt« (Ermüdung)	Energie tanken, Ausruhen, Dösen und Schlafen, unterhaltsame TV-Sendungen anschauen, leichte Lektüre, Spaziergang, Saunabesuch
»Ich fühle mich frustriert« (Sättigung)	Etwas Sinnvolles tun, Ausgehen, Veranstaltungen besuchen, Gespräche führen, Extremsport
»Ich stehe unter Strom« (Stress)	Zur Ruhe kommen, Reizüberflutung eindämmen, konzentrierte Selbstentspannung, entspannende Unterhaltung

Quelle: »Psychologie heute«, Juli 1997

Wie Entspannung entsteht

Wir wissen, dass Stressbelastungen das sympathische Nervensystem aktivieren. Die Muskeln spannen sich, die Atmung wird schneller, der Puls steigt. Wenn wir einen dieser körperlichen Vorgänge wieder normalisieren (z.B. die Muskelspannung oder die Atmung), dann normalisiert sich die Erregbarkeit des sympathischen Nervensystems. Wir haben somit unmittelbaren Einfluss und Zugriff. Wir können also durch Bewegungstraining, durch Atem- oder Muskelentspannung unsere Stressbelastung steuern und vermindern.

Wie sich Entspannung auswirkt

Die verminderte Aktivität des sympathischen Nervensystems ist für Stressforscher Professor Reinhard Tausch der Schlüssel zu größerem Wohlbefinden.

• *Seelische Auswirkungen:* allmählich ruhigeres, weniger erregtes Reagieren; Zunahme von Gelassenheit, deutlich weniger Angst, vermehrtes Gefühl von Vertrauen und Geborgenheit. Die eigene Person und die Umwelt werden weniger bedrohlich wahrgenommen. Man kann klarer denken, dadurch ist eine bessere Problembewältigung möglich.

• *Auswirkungen auf das Verhalten:* weniger gespannt, gelöster, leichter, müheloser, weniger gereizt-nervös, weniger unüberlegtes, überstürztes Handeln.

Um richtig abschalten zu können, einfach mal das Telefon mundtot machen, die Türklingel ausstellen und es sich in den eigenen vier Wänden so richtig gemütlich machen.

Lassen Sie sich Zeit

Segensreiche Entspannung – wunderbar, wenn man das kann. Aber Entspannung kann man nicht erzwingen oder auf Knopfdruck haben – auch mit Hightechapparaten nicht. »Entspannung kann man nicht wollen, sondern man muss sie erfühlen und erleben«, sagt der Biomediziner Ulrich Warnke.

Nicht jeder kann ganz einfach loslassen oder »auf der Wiese liegen und mit der Seele baumeln« – wie es Kurt Tucholsky einst so schön formuliert hat. Nein, es ist auch nicht jeder in der Lage, diese ganz leichten, diese gerade erwähnten Alltagstips für sich umzusetzen, um echte Entspannung zu gewinnen.

Allerdings: Man kann alles lernen – auch Entspannung. Jeder kann sich von seinen Verkrampfungen befreien und regenerative Ruhe finden – mit kleinen Tricks und Techniken, die innere Bereitschaft und mitunter Geduld erfordern. Finden Sie Ihren Weg. Probieren Sie aus, was zu Ihrer Situation passt.

Schaffen Sie günstige Bedingungen

Bei der Suche nach Entspannung ist nicht nur Ihre innere Einstellung entscheidend. Auch die äußeren Voraussetzungen sollten stimmen. In seinem Buch »Wege zur Ruhe« weist der Australier Paul Wilson auf fünf einfache, aber elementare Umstände hin.

Eine weitere Möglichkeit der Entspannung – Kunst als Ruheoase. Die romantischen Meeresbilder von Caspar David Friedrich beispielsweise ziehen unsere Blicke magisch in sich hinein und vermitteln enorme Stille, Unendlichkeit, Zeitlosigkeit.

Behaglichkeit

Schaffen Sie sich eine angenehme Umgebung. Wohltemperierter Raum (um 20 °C). Ziehen Sie bequeme Kleidung an und die Schuhe aus. Nehmen Sie auf einem Stuhl mit gerader Lehne Platz.

Frische Luft

Auch zu viel Kaffee oder schwarzer Tee sind Entspannungsfeinde – lieber auf Früchte- und Kräutertees oder auch grünen Tee umsteigen.

Landluft macht frei, heißt es. Nun müssen Sie nicht auf Teufel komm raus hinaus in Feld, Flur oder Wald fahren. Schon ein Spaziergang im Park, selbst ein Stuhl am offenen Fenster sind sinnvoll. Frische Luft ist die Basis vieler Entspannungstechniken.

Reizarmut

Verzichten Sie auf Stimulanzien. Keine laute Musik, kein schnelles Autofahren in der Zeit, in der Sie sich bemühen, Stress und innere Unruhe loszuwerden. Kein Alkohol, keine Zigaretten, keine Süßigkeiten – auch wenn's schwer fällt.

Stille

Meiden Sie, wenn Sie inneren Frieden und Entspannung finden wollen, unsere alltägliche Geräuschkulisse. Kein Radio, keine Gespräche, kein Lärm, denen Sie sich aussetzen. Suchen Sie Stille (z. B.

in der Natur, in einer Kirche), tauchen Sie ein in diese Atmosphäre der Ruhe. Stille ist die Voraussetzung für die meisten Entspannungs- und Meditationstechniken. Übrigens: Von der Stille zur gewünschten Ruhe sind es nur ein paar Schritte.

Wo ein Wille ist, ist auch ein Weg: Will man sich wirklich Zeit für die eigenen Bedürfnisse nehmen, findet man immer eine Möglichkeit. Die anderen kommen auch mal ein paar Stunden lang ohne Sie zurecht.

Motivation

Sie ist die wichtigste Voraussetzung auf dem Weg zur Entspannung. Selbst wenn die äußeren Bedingungen perfekt sind – Sie kommen nicht zum gewünschten Ziel, wenn Sie nicht wirklich dafür bereit sind. Haben Sie schon mal genau beobachtet, wie sich Spitzensportler in einer entscheidenden Phase verhalten? Wie sie sich auf ihren Start, auf einen Sprung, Wurf oder Kampf vorbereiten? Sie versuchen, sich total zu lockern und alle Verkrampfungen, Verspannungen aus ihrem Körper zu kriegen – sie wollen völlig entspannt sein. Denn diese Entspannung macht nicht matt, passiv oder gar gleichgültig. Im Gegenteil. Entspannung ist die Voraussetzung für körperliche Bestleistungen. Aber das nicht allein. Auch kreatives, effektives Arbeiten ist eher möglich, wenn man entspannt ist. Außerdem macht dann alles viel mehr Spaß – ein ganz wichtiger Wohlfühlaspekt.

Drei praktische Tips für die Entspannung

Wenn Sie die wohl tuende Wirkung von Entspannung für Ihr Leben nutzen wollen, sollten Sie

- Täglich entspannen. Entspannung können wir nicht speichern. So wie wir auch Tag für Tag die Zähne putzen, sollte sie Teil unserer gewohnheitsmäßigen Psychohygiene werden.
- Regelmäßig entspannen. Abends vor dem Schlafengehen, vor dem Mittagessen oder eine Joggingrunde nach der Arbeit – Sie sollten Ihre Entspannungsübungen zu einer festen Gewohnheit werden lassen. Dann müssen Sie sich nicht immer wieder neu motivieren.
- Unangestrengt entspannen. Bleiben Sie locker. Versuchen Sie, nichts zu erzwingen. Setzen Sie sich nicht unter Druck, sonst erzeugen Sie bloß Spannungen in sich – also genau das Gegenteil von dem, was Sie eigentlich erreichen wollen.

Entspannen Sie Körper und Geist

Richtig atmen als Basis

In schwierigen Situationen erst ein paarmal tief durchatmen. Panik oder Angst verflüchtigen sich dann schneller, und wir bekommen wieder einen klaren Kopf.

Ja, gut, wir holen irgendwie Luft. Unwillkürlich. Aber wir atmen nicht tief und gleichmäßig, wie es richtig wäre. Sondern flach und hektisch – völlig falsch. Atmen bedeutet viel mehr als nur Luft holen. Tiefe Bauchatmung beruhigt und bringt neue Energie – durch kräftigen Sauerstoffnachschub.

Wer gestresst ist, atmet automatisch schneller und flacher. Folge: Das Gehirn bekommt weniger Sauerstoff, die Blutgefäße verengen sich – was häufig zu kalten Händen oder Füßen führt. Wir fühlen uns benommen, bekommen vielleicht Kopfschmerzen. Umgekehrt werden wir automatisch ruhiger, wenn wir uns aufs richtige Atmen konzentrieren. Richtig atmen zu lernen, ist leicht. Babys machen das noch richtig, sie atmen gleichmäßig und tief in den Bauch. Auch Sie werden es nach ein paar Minuten (wieder) können.

Nur bei tiefer Atmung wird das gesamte Lungenvolumen ausgenutzt. Die Lunge füllt sich mit jedem Atemzug komplett – und außerdem wird dann auch die größtmögliche Menge an verbrauchter Luft wieder ausgeatmet.

Kopf hoch, Brust raus, Bauch rein

Achten Sie sehr bewusst auf Ihre Körperhaltung. Wenn Ihre Schultern nur leicht nach vorne fallen, verringert sich schon das Volumen des Brustkorbs. Setzen Sie sich bequem in den Schneidersitz. Legen Sie eine Hand auf Ihren Bauch. Entspannen Sie die Schultern. Atmen Sie ganz ruhig, lassen Sie Luft bis in die unteren Lungenabschnitte strömen. Atmen Sie ganz bewusst tief in den Bauch. Der Brustkorb hebt und senkt sich deutlich beim Ein- und Ausatmen.

Noch eine andere Übung:

Setzen Sie sich auf den vorderen Teil eines Stuhls. Beine schulterbreit hinstellen, Ellenbogen auf die Oberschenkel stützen. Der Oberkörper ist nach vorne geneigt. Der Kopf baumelt locker nach unten. Atmen Sie völlig entspannt und ruhig. Der Atem soll sich überall im Körper sozusagen frei bewegen können.

Spielerisch richtig atmen lernen

Ein paar Beispiele, wie Sie in aller Ruhe, sogar im Sitzen, Fünf-Minuten-Atemübungen spielerisch lernen können.

- *Rückwärts zählen:* Fangen Sie bei 100 an. Zählen Sie im Stillen bis Null. Und noch mal von 100 bis Null. Bei jeder Zahl ausatmen.
- *Sechs-Drei-Sechs-Atmen:* Beim Einatmen langsam bis Sechs zählen. Atem anhalten, bis Drei zählen. Ausatmen, dabei bis Sechs zählen. Atem anhalten, bis Drei zählen … Gut gegen Hektik.
- *Atemwelle:* Stellen Sie sich vor, Sie liegen am Strand und beobachten die Wellen. Mit jeder Welle einatmen. Ausatmen, wenn die Welle wieder zurückfließt.

Gähnen tut gut

Wir gähnen normalerweise nur, wenn wir übermüdet sind oder wenn die Raumluft schlecht ist (Sauerstoffmangel). Gähnen – ein Verlangen des Körpers nach frischer Luft. Unterdrücken Sie Ihr Gähnen nicht, sondern kultivieren Sie es. Gähnen ist die natürlichste Form der intensiven Tiefenatmung.

Öfter mal das Fenster aufmachen und für ein bisschen Wirbel sorgen – das hilft, Ermüdungserscheinungen zu verjagen und Körper und Geist durchzupusten.

Methoden der körperlichen Entspannung

Muskelentspannung nach Jacobson

Wer sich lange anstrengt, wer z. B. pausenlos konzentriert am Computer oder an der Kasse arbeitet, wer stundenlang Auto fährt – der verspannt. Alle Stresssituationen erhöhen die Grundspannung der meisten Muskelgruppen. Schon 1934 erkannte der amerikanische Arzt Dr. Edmund Jacobson: Wer es schafft, die Muskeln zu lockern, kommt auch psychisch wieder ins Gleichgewicht. Seine progressive Muskelrelaxation (PMR) ist eine der populärsten Entspannungstechniken. Nach Jacobson werden auch in der Krankengymnastik und in der Physiotherapie Übungen eingesetzt.

Das Schema ist einfach: Sie spannen nacheinander jede der Muskelgruppen (Arme, Gesicht, Hals, Nacken, Rücken und Beine) willentlich an (etwa zehn Sekunden lang) – und entspannen sie dann wieder. Die Übungen nach Jacobson lassen sich außerdem problemlos in Ihren Tagesablauf einplanen – sie kosten nur 10 bis 15 Minuten Zeit.

Sie können die folgende Übungsanleitung nach Jacobson auch auf Band aufnehmen. Und dann bei Bedarf abspielen. Sprechen Sie den Text dabei sehr deutlich, mit vielen Pausen.

Übungsanleitung nach Jacobson

- Legen Sie sich bequem auf den Rücken.
- Schließen Sie Ihre Augen, und atmen Sie tief und ruhig.
- Lenken Sie Ihre Aufmerksamkeit auf Ihre rechte Hand und Ihren rechten Unterarm. Ballen Sie nun langsam die rechte Hand zur Faust, und spüren Sie die Spannung in den Muskeln der rechten Hand. Spannen Sie die Muskeln noch stärker an – und noch etwas stärker –, und halten Sie die Spannung. Und nun öffnen Sie die Hand locker, und lassen sie zurücksinken. Spüren Sie nun, wie alle Spannung aus Ihrer Hand entweicht.
- Lenken Sie jetzt Ihre Aufmerksamkeit auf Ihre linke Hand und Ihren linken Unterarm. Ballen Sie Ihre linke Hand zur Faust, und spannen Sie auch Ihren Unterarm mit an. Spannen Sie noch etwas stärker an – und noch etwas stärker –, und halten Sie die Spannung. Dann lassen Sie los. Öffnen Sie die Hand ganz locker, und lassen Sie den linken Arm sinken. Spüren Sie nun, wie die Spannung entweicht, und genießen Sie dieses Gefühl.
- Konzentrieren Sie sich nun wieder auf die rechte Hand, den rechten Unterarm und den rechten Oberarm. Ballen Sie die rechte Hand wieder zur Faust, und spannen Sie jetzt auch den Unterarm und den Oberarm mit an. Spannen Sie noch stärker an – und noch etwas stärker –, und halten Sie die Spannung. Und jetzt entspannen Sie den Arm. Der Arm fällt ganz schwer zurück. Sie spüren das angenehme Gefühl der Entspannung, das sich jetzt in Ihrem ganzen rechten Arm ausbreitet.
- Und nun spannen Sie den linken Arm an. Ballen Sie die linke Hand zur Faust, und lassen Sie die Armmuskeln hart werden. Spannen Sie noch stärker an – und noch etwas stärker –, und halten Sie die Spannung. Und jetzt entspannen Sie wieder. Lassen Sie alle Spannung aus Ihrem linken Arm entweichen.
- Lenken Sie Ihre Aufmerksamkeit auf Ihr Gesicht. Spannen Sie alle Gesichtsmuskeln an, runzeln Sie Ihre Stirn, kneifen Sie Ihre Augen zusammen, und ziehen Sie die Mundwinkel zurück. Beißen Sie die Zähne aufeinander, und halten Sie die Spannung.

Übungsanleitung nach Jacobson

Jetzt lassen Sie alle Gesichtsmuskeln wieder locker. Die Muskeln in Ihrem Gesicht werden glatt und entspannt. Die Zähne berühren sich nicht mehr, und die Zunge ist ganz locker. Sie spüren, wie sich die Entspannung in Ihrem ganzen Gesicht ausbreitet. Und nun wiederholen Sie das noch einmal.

- Jetzt konzentrieren Sie sich auf Ihre Nacken- und Rückenmuskeln. Ziehen Sie Ihre Schulterblätter zusammen, beugen Sie Ihren Kopf nach vorn, und pressen Sie Ihren Körper zu Boden. Spannen Sie noch stärker an – und noch etwas stärker –, und halten Sie diese Spannung. Und nun lassen Sie die Spannung los. Lassen Sie alle Spannung aus Ihren Nacken- und Rückenmuskeln entweichen. Genießen Sie das Gefühl der Entspannung. Wiederholen Sie auch das noch einmal.
- Und nun atmen Sie ganz tief ein, ganz tief – und noch etwas tiefer –, und halten Sie den Atem an. Nun atmen Sie aus und lassen alle Luft aus sich herausströmen. Und noch einmal atmen Sie tief ein, ganz tief – und noch tiefer –, und halten Sie den Atem an. Und nun atmen Sie aus – ganz ruhig und gleichmäßig.
- Lenken Sie nun Ihre Aufmerksamkeit auf Ihr rechtes Bein und Ihren rechten Fuß. Strecken Sie Ihr rechtes Bein, und lassen Sie alle Beinmuskeln hart werden. Spannen Sie noch etwas mehr an, und halten Sie diese Spannung. Und jetzt entspannen Sie das Bein. Sie spüren, wie die Spannung aus Ihrem rechten Bein und Ihrem rechten Fuß entweicht. Genießen Sie dieses Gefühl. Wiederholen Sie die Streckung noch einmal.
- Konzentrieren Sie sich jetzt auf das linke Bein und den linken Fuß. Strecken Sie das linke Bein, und machen Sie alle Beinmuskeln hart. Spannen Sie noch etwas mehr – und noch etwas –, und halten Sie die Spannung. Und nun entspannen Sie das linke Bein. Lassen Sie alle Spannung aus dem gesamten linken Bein heraus. Genießen Sie das angenehme Gefühl der Entspannung.
- Prüfen Sie alle Muskelgruppen, und lassen Sie alle Restspannung heraus. Ganz entspannt liegen Sie nun da.

Manchen hilft bei den Entspannungsübungen auch leise Musik im Hintergrund – auf Techno oder Hardrock sollte man allerdings verzichten, denn viele Menschen werden dadurch erst recht zappelig.

Mal alle Viere von sich strecken in ruhiger, angenehmer Umgebung sorgt für Entspannung pur.

Entspannung durch Visualisierung

So wie man bei Yoga Meditationslaute benützt, kann man auch bestimmte Schlüsselsätze oder -bilder als Hilfe einsetzen; immer wieder spricht oder stellt man sich diese vor und gelangt so zu tiefer Entspannung.

Machtvoller noch als eine reine Suggestion mit Worten ist die optische Vorstellungskraft – die Visualisierung. Nehmen Sie sich ein wenig Zeit, um zu überlegen, wo Sie einmal ganz besonders entspannt waren. Auf einer Alm? Am Meer? Im Central Park?

Schließen Sie die Augen, stellen Sie sich jetzt auf einer Großbildleinwand Ihre Lieblingskulisse vor. Das zunächst schemenhafte Bild nimmt langsam Konturen an, gewinnt an Farben und Details. Typische Geräusche kommen dazu. Drehen Sie an einem imaginären Farb-, Helligkeits-, Kontrast- und Lautstärkeregler, bis alles perfekt für Sie ist. Jetzt ist es an der Zeit, dass Sie selbst die Kulisse betreten. Schauen Sie sich um. Spüren Sie den Wind, die Sonne, achten Sie auf die Geräusche, den Geruch, der in der Luft liegt. Jetzt fühlen Sie sich ganz entspannt. Wenn's nicht sofort klappt: Geben Sie nicht auf. Es gehört ein wenig Übung dazu.

Entspannung durch Selbsthypnose

Setzen Sie sich bequem hin, in einem Raum, in dem Sie nicht gestört werden. Fokussieren Sie mit Ihren Augen irgendeinen Gegenstand vor sich. Nehmen Sie jetzt nacheinander vier weitere Dinge in Ihrem Blickfeld wahr, ohne Ihren Blick von dem fixierten Gegenstand zu lösen. Hören Sie nun auf fünf verschiedene Geräusche um sich herum – den Straßenlärm vielleicht, Vogelgezwitscher, Stimmen im Nachbarraum. Jetzt kommt noch Ihr Tastsinn ins Spiel: Fühlen Sie den Stuhl unter sich, Ihre Kleidung usw. Schränken Sie dann Ihre Wahrnehmungen wieder ein. Blenden Sie jetzt eins nach dem anderen wieder aus – Eindrücke des Tastsinns, der Ohren, der Augen –, bis Sie nur noch den ersten Gegenstand im Fokus haben. Sie sind jetzt in einer entspannenden Trance. Zum Wachwerden: Arme anziehen, Hände zur Faust ballen, tief einatmen.

Seinen Körper zu kennen und ihn zu spüren – dabei helfen viele Entspannungsmethoden; denn indem man sich auf ganz bestimmte Körperpartien oder Muskeln konzentriert, erkennt man auch deren Funktion und Wirkung besser.

Entspannung durch die Ruherolle

Stellen Sie sich aufrecht hin. Stellen Sie sich vor, an Ihrem Kopf sei ein Faden befestigt – wie bei einer Marionette. Ziehen Sie den Faden hoch. Wenn Sie das Gefühl haben, richtig zu stehen, lassen Sie während des Ausatmens langsam Ihren Kopf auf die Brust sinken. Rollen Sie die Wirbelsäule langsam – Wirbel für Wirbel – nach vorne ab, bis Ihr Oberkörper schlaff nach unten hängt. Bleiben Sie nur so lange in dieser Position, wie es Ihnen auch angenehm ist. Rollen Sie nun Wirbel für Wirbel wieder nach oben. Das sollten Sie so lange wiederholen, bis Schultern und Nacken entspannt sind.

Entspannung durch Schaukeln und Wiegen

Als Sie noch tragbar waren – da nahmen Sie Mama oder Papa doch auf ihre Arme, um Sie zu wiegen, wenn Sie unruhig waren. Prima Prinzip. Schaukeln wirkt nicht nur auf Babys und Kleinkinder entspannend. Probieren Sie es mal aus: Setzen Sie sich aufrecht hin, und legen Sie die Arme weit um Ihren Oberkörper. Schließen Sie die Augen, beginnen Sie mit dem Oberkörper vor- und zurückzuschaukeln. Ganz einfach. Und das Schönste: Es funktioniert.
Das Schaukeln kann man auch auf dem Rücken liegend machen: Beine anziehen, mit den Armen umfassen und auf der Wirbelsäule ganz langsam hin- und herrollen.

Für Ihre Füße ist es sehr erholsam, wenn Sie möglichst oft barfuß laufen. Dadurch werden die Füße besser durchblutet und gleichmäßiger belastet – das dankt Ihnen auch Ihr Rücken.

Entspannung durch Fußrollen

Mit einem ganz normalen Tennisball können Sie – nach dem Prinzip der Reflexzonenbehandlung – die vielen Druckpunkte an Ihren Füßen stimulieren. Legen Sie dazu den Tennisball unter Ihren nackten Fuß. Verlagern Sie etwas Gewicht auf den Ball, und bewegen Sie den Fuß vor und zurück: von den Zehen zur Ferse und umgekehrt. Zwei Minuten mit dem linken Fuß, dann zwei Minuten mit dem rechten. Wiederholen Sie die Übung so oft, bis die Entspannung eintritt.

Entspannungstherapien

Die bisher vorgestellten Entspannungstechniken können Sie durchaus ohne fremde Hilfe erlernen. Bei Entspannungstherapien ist das schwieriger. Es empfiehlt sich die Anleitung durch einen erfahrenen Lehrer. Volkshochschulen oder Gesundheitszentren bieten hier preiswerte Kurse an. Die Teilnahme in einer Gruppe ist finanziell noch günstiger. Außerdem können Sie sich mit anderen austauschen und Anregungen sammeln, um Ihre Fertigkeiten zu verbessern. Bis sich der gewünschte Erfolg einstellt, können manchmal Wochen vergehen. Sie sollten also auch Geduld und Ausdauer mitbringen.

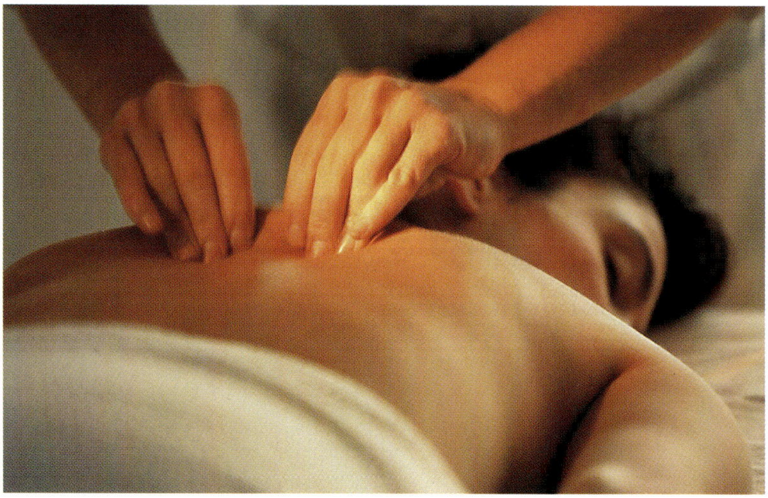

Auch eine Ganzkörpermassage hilft natürlich, abzuschalten und so richtig ins Wohlfühlen abzutauchen.

Die sieben interessantesten Therapieformen

1. Autogenes Training

Eine Art Autosuggestion, mit der Sie auf Ihr vegetatives Nervensystem einwirken und sogar die Funktionen Ihrer Organe beeinflussen können. Anfang dieses Jahrhunderts entwickelte der Psychiater Professor Johannes Schultz das autogene Training als Methode der Selbstbehandlung. Er legte sechs formelhafte Lehrsätze fest, die aber jeder auf seine Weise verinnerlichen kann: »Wie jedem seine Handschrift, so jedem sein autogenes Training.«

Autogenes Training ist besonders für Menschen geeignet, die auch körperliche Beschwerden haben, z.B. häufige Kopfschmerzen. Wird man plötzlich von einer Schmerzattacke überfallen, kann man sich darauf konzentrieren, nicht an die Schmerzen zu denken – und sie darüber fast vergessen.

Die Grundregeln:

- *Schwereübung:* Konzentration auf zunächst einen Körperteil. Beispielsweise »Mein rechter Arm ist ganz schwer.« Danach geht man auf andere Körperbereiche über. Schließlich auf den ganzen Körper: »Ich fühle mich insgesamt angenehm schwer.«
- *Wärmeübung:* Wieder mit einem Teil des Körpers beginnen, dann auf den ganzen Körper ausweiten: »Mein Arm ist angenehm warm.«, »Ich bin angenehm warm.«
- *Herzübung:* Konzentriertes Erleben des Herzschlags im ruhigen Takt: »Mein Herz schlägt angenehm gleichmäßig.«, »Mein Puls ist ruhig und kräftig.«
- *Atemübung:* Konzentriertes Erleben des Atems: »Mein Atem fließt ruhig und gleichmäßig.«, »Ich atme angenehm ruhig.«
- *Bauchübung:* Konzentration von Wärme im Oberbauch: »Mein Bauch ist weich und warm.«, »Mein Bauch wird von angenehmer Wärme durchströmt.«
- *Stirnübung:* Empfinden eines kühlen Kopfes bei tiefer Entspannung: »Meine Stirn ist angenehm kühl.«, »Mein Kopf ist ganz leicht und hell.«

Am besten liegt man dabei auf dem Boden, in ruhiger, warmer Umgebung. Weil die Übungen so leicht zu sein scheinen, können schnell auch Fehler passieren. Exakte Ausführung ist aber sehr wichtig. Nach sechs bis zehn Übungsstunden sollte man die Grundübungen des autogenen Trainings beherrschen. Sie sind zur Entspannung und Stressbekämpfung in jeder Situation anwendbar.

Infoadresse: Deutsche Gesellschaft für ärztliche Hypnose und autogenes Training, Oberforstbacher Straße 416, 52076 Aachen

2. Bioenergetik

Entspannungstherapien sind kein Wunderwerk – man lernt dadurch aber, wieder das Gefühl für sich und den eigenen Körper zuzulassen und ihm auch nachzugeben.

Darunter versteht man Atem- und Muskelübungen, um gestaute Gefühle loszulassen. Ein Ansatz wie bei eigentlich jeder Körpertherapie: Seelische Probleme führen zu körperlicher Verspannung. Bioenergetikerfinder Alexander Lowen nennt sie Blockaden. Um sie aufzulösen, werden ziemlich anstrengende Übungen gemacht: In so genannten Stresspositionen spannt man die Muskeln extrem an. Dadurch soll der Energiefluss noch weiter gestaut werden, bis er sich wie bei einem Dammbruch entlädt. Unkontrolliertes Zittern, schmerzhafte Gefühle kommen hoch, die sich in Tränen oder Schreien lösen. Durch Rollenspiele und Gespräche werden die seelischen Hintergründe der Entladungen aufgearbeitet.

3. Feldenkrais

»Bewusstsein durch Bewegung« – das ist einer der Kernsätze dieser Methode. Moshe Feldenkrais, ein Ingenieur, entwickelte sie nach einer schweren Knieverletzung. Schrittweise brachte er sich wieder das Gehen bei und erkannte, dass die meisten Menschen nur 10 bis 20 Prozent ihrer Bewegungsfähigkeit ausschöpfen. Und dass sie beweglicher werden können, wenn sie Bewegungen bewusst ausführen. Einfache Abläufe: Gehen, Stehen, Sitzen, Balancieren, die spielerisch erlebt werden. Man soll sich selbst spüren und neue Erfahrungen mit seinem Körper machen, um die Sensibiliät zu erhöhen. Die

Wo rohe Kräfte sinnlos walten … Um richtig zu entspannen, ist es wichtig, seelische und körperliche Blockaden zu erkennen und auch zu lösen.

Feldenkrais-Methode ist wohl tuend, entspannend und wirksam gegen Verspannungsschmerzen.
Infoadresse: Feldenkrais-Gilde e.V., Asangstraße 144, 70329 Stuttgart

4. Meditation

Meditation ist nicht Flucht, sondern eine gelassene Begegnung mit der Wirklichkeit (Thich Nhat Hanh, »Das Wunder der Achtsamkeit«). Ursprünglich war Meditation ausschließlich Teil der religiösen und spirituellen Versenkung. Höchstes Ziel: das Einswerden mit dem All. Längst wird Meditation zur Verbesserung des irdischen Wohlgefühls angewandt – gegen Stress und innere Verspannungen, als Ausgleich zur Hektik des Alltags. Meditation ist eine umfassende Beruhigung für Körper, Seele und Geist. Die Atmung vertieft sich, die Sauerstoffzufuhr wird erhöht, das Gehirn wird besser durchblutet. An einem ruhigen Ort Fersensitz, Schneidersitz oder (für Gelenkige) Lotossitz – Hauptsache, völlig entkrampft sitzen. Mit halb geöffneten Augen blickt man nach innen. Manche Meditationsformen konzentrieren sich nur auf die Atmung. Bei anderen steht ein Laut, ein Wort, ein Mantra (»Om«, »Ahnam«, »Ramah«) im Zentrum der Aufmerksamkeit.

Meditation wird in vielen Religionen immer noch als unverzichtbare Voraussetzung für die jeweilige Glaubensphilosophie angesehen, so z. B. im Hinduismus oder im Buddhismus.

Wesentlich für das Meditationsritual: örtliche und zeitliche Regelmäßigkeit (früher Morgen oder Spätnachmittag). Bei der Meditation

Der Lotossitz ist die traditionelle Position beim Meditieren. Dazu gehören allerdings Übung und Geduld. Jede andere aufrechte und unverkrampfte Sitzhaltung (z. B. mit einem stützenden Kissen) ist natürlich auch möglich.

Akupunktur ist zwar keine Entspannungsmethode, aber eine sanfte Behandlung für viele körperliche Beschwerden. Auch hier werden bestimmte Reizpunkte am Körper stimuliert und so die Selbstheilung bzw. die Abwehr gesteigert.

kommt es darauf an, einen Zustand der Gedankenfreiheit zu erreichen. Das ist nicht leicht. Man braucht viel Geduld, bis sich endlich die gewünschte innere Ruhe einstellt.

5. Akupressur

Eine Druckpunktmassage, die auf der fernöstlichen Lehre der Energieströme (»Yin« und »Yang«) im Körper basiert. Diese Energieströme verlaufen in bestimmten Bahnen (Meridianen). Für die Akupressur kommen 32 Meridiane infrage. Durch Drücken, Beklopfen oder Massieren soll die Energie, die durch Stress blockiert ist, wieder in Fluss gebracht werden. Tatsächlich kann Akupressur durch Stress verursachte Schmerzen lindern (z. B. Migräne, Kopfschmerzen).

6. Shiatsu

»Shi« heißt auf japanisch Finger und »atsu« Druck. Shiatsu ist eine Fingerdruckmassage auf den Energiebahnen des menschlichen Körpers. Im Unterschied zur Akupressurmassage werden nicht nur einzelne Druckpunkte gereizt, sondern die Meridiane in ihrer ganzen Ausdehnung vom Shiatsumasseur gedrückt, geklopft, gepresst. So sollen die Selbstheilungskräfte des Körpers mobilisiert werden. Shiatsu eignet sich zur Entspannung und Vorbeugung gegen Stress.
Infoadresse: Europäisches Shiatsu-Institut, Postfach 25 11 28, 69079 Heidelberg

Shiatsu umfasst auch Übungen, die man allein machen kann. Durch Drücken und Dehnen werden bestimmte Meridiane stimuliert. Das entspannt und lindert Schmerzen.

7. Yoga

Yoga, die Schule der geistigen Konzentration, ist 4000 Jahre alt. Das Wort entstammt dem Sanskrit, der indischen Gelehrtensprache, und wird mit »Joch« übersetzt: Man möge sich den strengen Regeln der Körperbeherrschung unterwerfen.

Hatha-Yoga wird weltweit am meisten praktiziert, seit der britische Violinvirtuose Sir Yehudi Menuhin in den sechziger Jahren diese Yogaschule des Lehrers B.K.S. Iyengar populär machte. Hatha-Yoga bedeutet Vereinigung von Sonne (ha) und Mond (tha). Die Sonne symbolisiert die männliche, bewusste Seite der menschlichen Natur, der Mond die weibliche, unbewusste und körperliche Seite.

»Man lernt im Laufe unzähliger Yogastunden einen liebevolleren, verantwortungsbewussteren Umgang mit sich selbst – und anderen«, sagt Yogaschüler Dr. Hans-Wilhelm Müller-Wohlfahrt. »Wer ernsthaft Yoga betreibt, bekommt eine verfeinerte Wahrnehmung dafür, was ihm schadet und was ihm gut tut.«

Yoga kann man sich selbst kaum beibringen, etwa aus Lehrbüchern oder Videos. Volkshochschulen bieten Yogakurse an (Kosten: 80 bis 100 DM). Auch später empfiehlt es sich, mit einem Lehrer zu üben. Kosten bei Gruppenunterricht: 15 bis 25 DM pro Stunde, Privatlehrer verlangen etwa 50 bis 80 DM.

Infoadresse: BDY-Berufsverband Deutscher Yogalehrer e.V., Geschäftsstelle, Heinrich-Grob-Straße 48, 97250 Erlabrunn

Yoga heißt Beherrschung und Kontrolle aller Lebensimpulse. Unsere westliche Form des Yoga beschränkt sich meist nur auf die ersten Stufen des Yogawegs: körperliche Übungen, Atemkontrolle und Entspannung.

Yoga bietet eine Menge. Die Übung »Katze« in Kombination mit dem »Katzenbuckel« dient beispielsweise dazu, den strapazierten Rücken zu dehnen und geschmeidig zu machen.

Entspannendes Büro-Workout

Fit (auch) im Job

Falsches Sitzen ist oft schuld an Verspannungen; gut tut ein Sitzball, auf dem man automatisch eine aufrechte und schonende Sitzhaltung einnimmt – und gleichzeitig noch die Muskeln in Beinen und Rücken anregt.

Entspannung ist prima, wir gehen auch gerne mal in entsprechende Kurse und Übungsstunden. Oder ins Fitnessstudio, um uns körperlich so richtig auszutoben – besonders, wenn man den ganzen Tag am Schreibtisch verbracht hat.
Wo der Stress uns aber am meisten zusetzt, z. B. im Büro, was können wir da tun? Warten, bis es Abend wird? Bis wir endlich, nach langen Meetings, nach einem wichtigen Gespräch mit dem Chef und dem Erkundungstelefonat, wie es zu Hause läuft, zum Entspannungskurs rennen können?
Wieder zu spät. Wieder den Anfang verpasst. Außerdem knurrt der Magen. Da gibt es Besseres: Kurze Entspannungsübungen am Tatort beispielsweise. Sie kosten einen nur wenige Minuten Zeit – vielleicht können Sie ja auch die Kollegen im Zimmer zum Mitmachen motivieren. Tun Sie was für sich!

Für die folgenden Übungen können Sie ruhig ein Stubenhocker bleiben – sie lassen sich am Schreibtisch machen. Sonst heißt die Devise aber: Beenden Sie Ihren Sitzstreik, bewegen Sie sich an der frischen Luft!

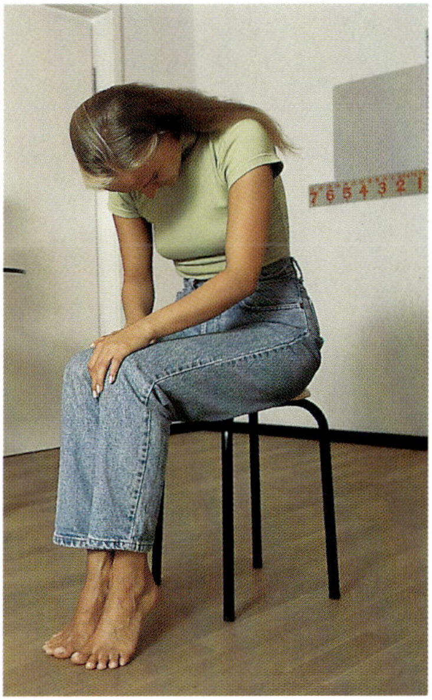

Halten Sie den Rücken beim Einatmen gerade. Achten Sie auch darauf, nicht zu enge Sachen zu tragen, sonst kann es beim Üben ganz schön zwicken – lieber den Jeansknopf öffnen oder den Gürtel weiter schnallen.

Übung 1 – Das Zusammenfallen

So geht's Setzen Sie sich bequem auf Ihren Bürostuhl, rücken Sie ein Stück vom Schreibtisch weg. Atmen Sie sehr tief ein, und lassen Sie beim Ausatmen die Arme zusammen mit dem Oberkörper locker nach vorne fallen.
Wie oft? 4-mal
Die Wirkung Totale Entspannung, tiefe Atmung

Bringen Sie frischen Wind in Ihr Büro – nutzen Sie die Entspannungspausen, um mal kräftig durchzulüften.

Übung 2 – Der Schwanenhals

So geht's Setzen Sie sich gerade hin, die Füße stehen etwa schulterbreit auseinander. Verschränken Sie die Finger, und legen Sie die Hände mit den Handflächen nach oben unter das Kinn. Halten Sie beide Ellenbogen waagrecht, und stemmen Sie die Füße gegen den Boden. Nun drücken Sie das Kinn nach unten, aber gleichzeitig mit den Händen auch nach oben. Diesen Druck halten Sie ca. 5 Sekunden lang, dann lassen Sie Ihr Kinn los.
Wie oft? 5-mal
Die Wirkung Stärkung der Nacken- und Armmuskulatur

Als Variante können Sie auch die Unterarme hinter dem Kopf verschränken.

Übung 3 – Das Kopfdrücken

Richtig Luft holen muss sein – gerade, wenn Sie sich anstrengen. Versuchen Sie, bei den Übungen gleichmäßig weiterzuatmen: bei Anspannung aus- und bei Entspannung einatmen.

So geht's Setzen Sie sich aufrecht hin. Verschränken Sie die Hände hinter dem Kopf. Nun pressen Sie sie fest gegen den Nacken. Dieser Druck wird 5 Sekunden lang gehalten. Danach entspannen Sie für etwa 5 Sekunden.
Wie oft? 4-mal
Die Wirkung Kräftigung der Hals- und Nackenmuskulatur, Verspannungen lösen sich

Übung 4 – Der starke Hals

So geht's Setzen Sie sich aufrecht hin. Führen Sie den linken Arm über den Kopf, und legen Sie die linke Hand an das rechte Ohr (Finger zeigen nach unten). Nun wird der Kopf 5 Sekunden lang gegen die Hand gepresst, anschließend entspannen. Während der Anspannung sollten Sie locker atmen. Danach machen Sie die Übung analog mit dem rechten Arm.
Wie oft? 2-mal pro Seite
Die Wirkung Kräftigung der seitlichen Halsmuskulatur

Übung 5 – Die Umarmung

So geht's Bleiben Sie aufrecht sitzen. Lockern Sie Ihre Arme vollkommen. Jetzt legen Sie Ihre Arme über Kreuz um den Oberkörper, und fassen Sie an Ihre Schulterblätter. Diese Spannung wird etwa 5 Sekunden lang gehalten, dann lässt man los.
Wie oft? 5- bis 10-mal
Die Wirkung Lockerung der Schultermuskulatur, bessere Durchblutung des Oberkörpers, Regulierung der Atmung

Auch direkt am Schreibtisch kann man etwas tun: Strecken Sie die Beine aus. Ziehen Sie dann die Füße an, und strecken Sie sie wieder. Das hilft gegen schwere Beine – und vertreibt die Langeweile.

Übung 6 – Die Handpresse (»Bürobuddha«)

So geht's Setzen Sie sich mit geradem Rücken auf Ihren Stuhl, die Füße stehen fest auf dem Boden. Drücken Sie beide Hände vor der Brust gegeneinander, die Fingerspitzen zeigen dabei nach oben. Jetzt wird langsam Druck aufgebaut. Diese Spannung sollten Sie mindestens 5 Sekunden lang halten; atmen Sie dabei normal weiter. Danach schütteln Sie Ihre Arme locker aus.
Wie oft? 5-mal
Die Wirkung Stärkung der Rücken-, Brust- und Armmuskulatur

Keine Bange – um in Buddhas Fußstapfen zu treten, müssen Sie bei dieser Übung nicht den Lotossitz einnehmen. Als Variante können Sie die Finger vor der Brust ineinander haken und versuchen, sie auseinander zu ziehen – auch das stärkt Brust, Rücken und Arme.

Kommt Ihnen diese Bewegung bekannt vor? Meist ist sie notwendig, wenn man etwas aus den oberen Regalfächern holen will … Variieren Sie die Übung, indem Sie sich nach der Seite strecken; dabei wird dann auch die Taille gestrafft.

Übung 7 – Der Griff nach den Sternen

So geht's Sitzen Sie aufrecht auf Ihrem Bürostuhl. Jetzt greifen Sie abwechselnd mit der rechten und der linken Hand so hoch wie möglich Richtung Decke. Dabei dürfen Sie den Kopf nicht extrem in den Nacken fallen lassen.

Wie oft? 5-mal

Die Wirkung Training für die Muskulatur der Hände, Arme und Schultern, Verspannungen lösen sich

Sich mal so richtig räkeln und dabei herzhaft gähnen – auch das entspannt und gibt neuen Schwung.

Übung 8 – Der Boxkampf

So geht's Stellen Sie sich aufrecht hin, Füße etwa schulterbreit auseinander. Nun stoßen Sie die geballten Hände abwechselnd kraftvoll nach vorne und zur Seite. Es kommt hierbei weniger auf die Schnelligkeit, sondern mehr auf Ihre Stoßkraft an.

Wie oft? 10-mal pro Seite

Die Wirkung Lockerung und Stärkung der gesamten Arm- und Schultermuskulatur

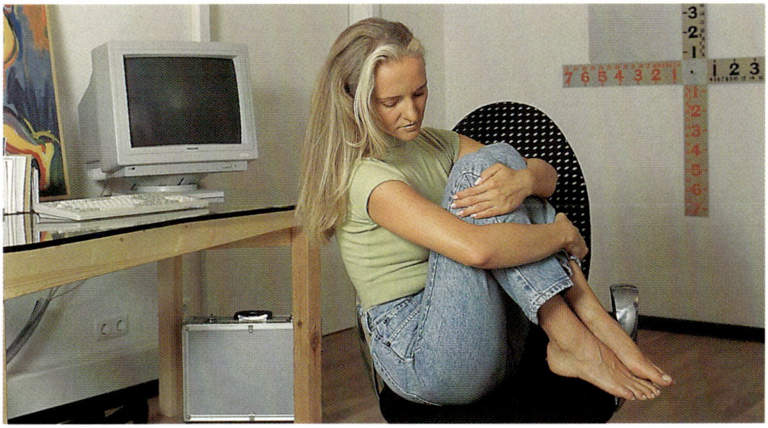

Darf's noch etwas mehr sein? Vielleicht liefern Sie sich einfach einen spielerischen Boxkampf mit einem Kollegen.

Übung 9 – Das Klappmesser

So geht's Setzen Sie sich quer auf Ihren Bürostuhl. Nun ziehen Sie Ihre Beine so nah wie möglich an den Körper. Umschließen Sie die Knie mit den Armen, Stirn dabei auf die Knie legen. Jetzt strecken Sie die Beine und den geraden Rücken aus, und gehen Sie dann sofort wieder in den Paketsitz.

Wie oft? 10-mal

Die Wirkung Kräftigung der Bauchmuskulatur, Dehnung des Wirbelsäulenbereichs

Müde? Versuchen Sie es mit Augengymnastik: Rollen Sie mit den Augen, schielen Sie, oder folgen Sie Mustern gezielt mit den Augen.

Es ist nicht ganz leicht, die Balance zu halten. Sie können natürlich auf den Boden ausweichen – oder einfach noch ein bisschen üben.

Besondere Wohltat für Ihre Füße, wenn Sie oft hohe Absätze tragen oder viel herumrennen müssen.

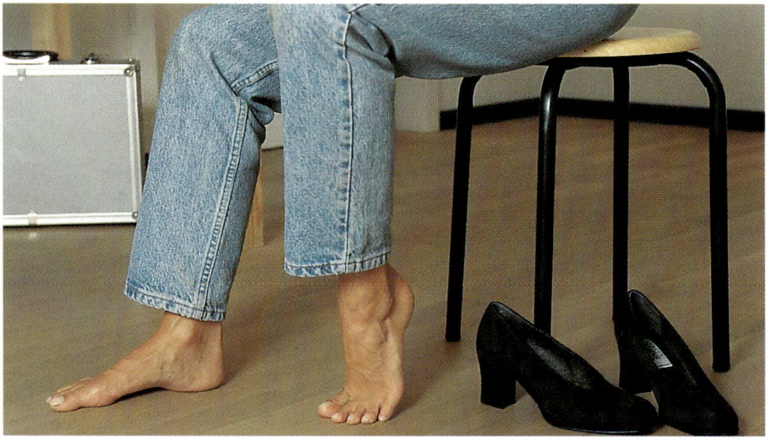

Sie sind der Meinung, das ist Spitze?

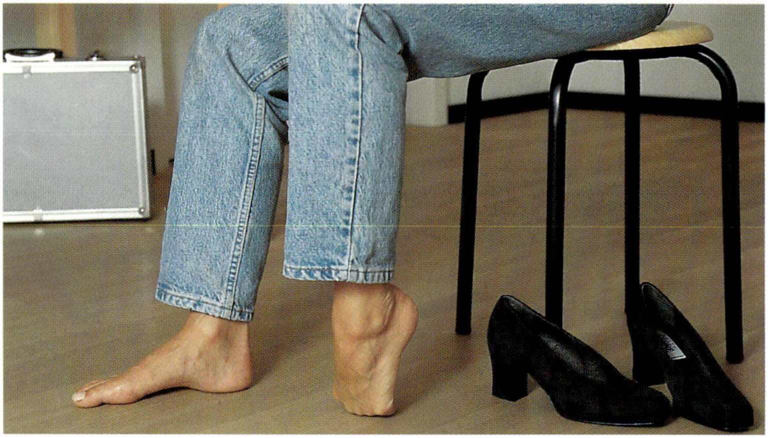

Übung 10 – Der Spitzentanz

Für den kleinen Hunger sollten Sie sich etwas Frisches mitnehmen, z.B. Ihr Lieblingsobst, eine Paprikaschote oder eine Karotte.

So geht's Setzen Sie sich bequem hin. Nach Möglichkeit sollten Sie die Schuhe ausziehen. Überstrecken Sie die Füße, und setzen Sie die Zehenspitzen auf den Boden. Jetzt belasten Sie diese vorsichtig – aber nur so stark, dass Sie keinen Schmerz spüren. Diese Spannung halten Sie 10 Sekunden lang.

Wie oft? 5-mal

Die Wirkung Dehnung des Fußspanns, Verbesserung der Durchblutung, besonders in den Beinen

Übung 11 – Das Füßeklatschen

So geht's Rücken Sie ein gutes Stück vom Schreibtisch weg. Sitzen Sie aufrecht auf Ihrem Stuhl. Strecken Sie die Beine aus, ohne zu verkrampfen. Jetzt schlagen Sie die Innenseiten der Füße mit möglichst hohem Tempo aneinander; passen Sie dabei gut auf Ihre Knöchel auf.
Wie oft? 10- bis 15-mal
Die Wirkung Kräftigung der Unterschenkel- und Fußmuskulatur, Verbesserung der Durchblutung

Wenn Sie merken, dass Ihnen eine Bewegung schwer fällt – nichts erzwingen. Variieren Sie den Übungsablauf so, dass Sie sich dabei wohl fühlen.

Übung 12 – Die Kniepresse

So geht's Setzen Sie sich aufrecht auf Ihren Bürostuhl, und klemmen Sie ein Telefonbuch oder einen Aktenordner fest zwischen Ihre Knie. Nun pressen Sie die Oberschenkel kräftig zusammen. Dabei sollte der Rücken gerade bleiben. Halten Sie diese Spannung etwa 5 Sekunden lang.
Wie oft? 10-mal
Die Wirkung Stärkung der Oberschenkelinnenseiten

***Links:** Alternativ können Sie die Beine ausstrecken und sie dann ganz schnell in der Luft abwechselnd kreuzen.*

***Rechts:** Sie dürfen auch gerne etwas Schwereres oder Dickeres in die Mangel nehmen.*

WIE SIE BESSER SCHLAFEN

Endlich im Bett – mein Gott, war das heute wieder ein anstrengender Tag. Jetzt freuen Sie sich auf den wohlverdienten und heiß ersehnten Schlaf. Nur – er kommt nicht. Sie drehen sich nach rechts, nach links, auf den Rücken, Sie fangen an, Schafe zu zählen. Plötzlich sind Sie wieder hellwach. Und nun?

Lebensstörung Schlafstörung

Leider sind immer mehr Menschen von Schlaflosigkeit betroffen. Traurige Tatsache: Jeder Dritte schläft mittlerweile miserabel und leidet unter Schlafstörungen. Am häufigsten sind Einschlafprobleme (darunter leiden 60 Prozent aller »Schlaflosen«), häufig sind auch Durchschlafstörungen oder vorzeitiges Erwachen. In den USA, so klagt der Experte William Dement (Stanford University), seien Schlafstörungen sogar schon das »größte, teuerste und tödlichste Gesundheitsproblem«. Das muss aber nicht sein.
Was können wir also tun, damit wir morgens topfit aus den Federn kommen?

Wer kennt das nicht: ein oder zwei Nächte zu wenig geschlafen – und am nächsten Tag fühlt man sich völlig ausgelaugt. Am besten hilft dagegen natürlich, sich ein paar Stunden hinzulegen, aber auch kurzfristig kann man sich wachrütteln, z. B. durch Kniebeugen am offenen Fenster oder Wechselduschen.

Warum gesunder Schlaf so wichtig ist

Schlaf ist unsere ergiebigste Quelle für Erholung, Entspannung und neue Energie. Im Schlaf schaltet unser Organismus auf Sparflamme, und unsere Batterien werden neu aufgeladen. Er ist die natürliche Basis für körperliche und geistige Leistungsfähigkeit. Der Philosoph Schopenhauer sagte einst: »Schlaf ist für den Menschen das, was das Aufziehen für die Uhr ist.«

In Ruhe arbeiten

Während also einige Organe und Organbereiche im Schlaf deutlich verlangsamt arbeiten (das Herz, die Atmung, die Verdauung), werden andere sehr aktiv und regenerieren ihre Funktionsfähigkeit. Die Zellen der Haut teilen sich nachts doppelt so schnell wie tagsüber. Gewebe wird repariert und erneuert.

Die Muskulatur ist im Schlaf völlig entspannt, der Körper besser durchblutet – so können Schlacken und Giftstoffe besser entsorgt werden. Unser Gehirn kann sich neu organisieren. Die über den Tag aufgenommenen Informationen werden verarbeitet und gespeichert. Das Immunsystem wird aufgeladen. Wunden werden geheilt und Infektionen bekämpft. Das alles passiert vor allem in den Tiefschlaf- oder Delta-Phasen.

Wir brauchen den Schlaf dringend auch als Entspannungsphase für die Psyche. Viele Eindrücke und Situationen des Tages werden im Schlaf durch Träume verarbeitet – und wir sind dann wieder offen für neue Erlebnisse.

Balsam für die Seele

Guter Schlaf macht fit und schön. Guter Schlaf ist außerdem Balsam für die Seele. Der Schlaf teilt gewissermaßen die Zeit und sorgt damit für Distanz und intensives Abschalten.

Wie neugeboren durch ein Schönheitsschläfchen. In Alexandre Canabels Gemälde von 1863 wird die schlummernde Venus, Inbegriff für das blühende Leben, von den Wogen gerade sanft ans Licht der Welt gehoben.

»Ein gutes Gewissen ist ein sanftes Ruhekissen« – kennen Sie bestimmt, diesen Spruch. Er deutet an, wie eng Psyche und Schlafverhalten gekoppelt sind. Psychische Probleme (Ärger, Angst, Stress) können uns den Schlaf rauben. Umgekehrt können Schlafstörungen auch zu seelischen Problemen führen. Sie haben sicher selbst schon leidvolle Erfahrungen gemacht: Wie gereizt Sie anderntags sind, wenn Sie mal eine Nacht nicht oder ganz mies geschlafen haben.

Wenn wir zu wenig Schlaf haben

»Schlaf ist mit jeder Facette des Lebens verwoben. Schlaf beeinflusst unsere Gesundheit, unser Wohlgefühl, unsere Stimmungen, unser ganzes Verhalten«, erklärt Peter Hauri, Direktor der Mayo Clinic für Schlafforschung. »Schlaf beeinflusst unsere Energie und Gefühle, unsere Partnerschaft, den Job und unser Glück.«

Albträume haben verschiedene Ursachen. Es können unsere innersten Ängste sein oder Warnungen des Unterbewusstseins. Häufig verlieren Albträume ihren Schrecken, wenn man sich näher mit ihnen beschäftigt.

Die Folgen von zu wenig Schlaf können sich folgendermaßen auf die Tagesbefindlichkeit auswirken:

- Müdigkeit bis Unwohlsein
- Konzentrations- und Leistungsschwäche
- Gereiztheit
- Depressive Verstimmung
- Muskelschmerzen

Wir fühlen uns wie gerädert, wir sind frustriert, miesepetrig, unzufrieden, ungerecht, wir sind nicht voll leistungsfähig – wir fühlen uns dann einfach nicht wohl.

»Ach, du süßer Schlaf«

Napoleon Bonaparte, Albert Einstein und Goethe – die drei werden gerne als Kronzeugen für unterschiedliche Schlafbedürfnisse bemüht. Napoleon ruhte pro Nacht bloß vier Stunden. Er bezog sich gerne auf den antiken Dichter Lausius, der meinte: »Fünf Stunden sind für Junge und Alte genug, sechs für Kaufleute, sieben für Adlige und acht für faule und vollkommen unnütze Menschen.«

Na ja. Einer wie Einstein konnte darüber nur müde schmunzeln. Der Nobelpreisträger wurde nämlich auch bekannt als genialer Langschläfer, zwölf Stunden waren für ihn nichts Ungewöhnliches.

Und Johann Wolfgang von Goethe schlief im Schnitt immerhin satte neun Stunden. Seiner Charlotte von Stein vertraute er einmal an: »Ich habe nur zwei Götter: dich und den Schlaf. Ihr heilet alles an mir, was zu heilen ist.« Schlaf, »süßer Schlaf«, das war für den hehren Dichter »reines Glück«.

Wie viel Schlaf brauchen wir?

Wichtig ist, dass das Schlafbedürfnis dem eigenen Biorhythmus angepasst ist – manche gehen lieber später ins Bett, andere früher; wenn man seinen eigenen Rhythmus lebt, fühlt man sich auch wohler.

Fest steht, wir brauchen ein Schlafminimum, das allerdings individuell ziemlich unterschiedlich ausfallen kann. Wissenschaftler sprechen vom Kernschlaf (dem Mindestschlaf) und dem Wahlschlaf. Der Kernschlaf dauert bei Erwachsenen zwischen vier und fünf Stunden und besteht zum größten Teil aus Tiefschlaf. Wahlschlaf ist der morgendliche REM-Schlaf (kommt von »Rapid Eye Movement«, was schnelle Augenbewegungen bedeutet). In dieser Phase träumen wir besonders lebhaft. Der REM-Schlaf kommt regelmäßig und jede Nacht ein paarmal vor.

Die Schlafdauer ist vom Lebensalter abhängig. Babys schlafen bis zu 18 Stunden täglich. Kleinkinder wollen zwar nicht ins Bett, schlafen dann aber doch zehn bis zwölf Stunden, größere Kinder um die zehn Stunden. Für Erwachsene sind acht Stunden normal. Mit höherem Alter nimmt das Schlafbedürfnis ab. 70-Jährige kommen mit etwa sechs Stunden klar. Eine Norm für das »richtige« Maß gibt es nicht.

Das Nickerchen – Segen oder Sünde?

Dieter Baumann, Olympiasieger im 5000-Meter-Lauf, pflegt die Extraschlummerstunde, die bei vielen verpönt ist (»wie einfältig, wie rückständig«), mit großer Lust. »Ich lebe von meinem Körper, also höre ich auf ihn. Gewöhnlich meldet er sich gegen Mittag. Nach einer harten Belastung verlangt mein Körper nach Regeneration, und zwar auf ganz bestimmte Weise. Ich gebe dann gerne nach und gönne ihm und mir – den Mittagsschlaf. Oh ja, so ein Mittagsschlaf ist Lebensgenuss pur. Ein Nickerchen zwischendurch steigert die Leistungsfähigkeit enorm. Ich kann nur bestätigen, was Schlafforscher sagen …« Die fanden heraus: Etwa sieben Stunden nach dem Aufstehen erleben wir ein deutliches Leistungstief. Wer sich dann eine Siesta gönnt, erwacht in der Regel frisch, ausgeruht und leistungsfähig. Ein Nickerchen (15 bis 20 Minuten) wirkt besser als der stärkste Kaffee. In Ländern wie Mexiko, Italien, Griechenland und Spanien ist die Siesta seit jeher ein völlig selbstverständlicher Teil des Tages.

Beeinträchtigt ein Nickerchen den Nachtschlaf? Nein – wenn Sie keine Schlafprobleme haben. Das trifft aber nur auf 20 Prozent aller Menschen zu. Wenn Sie nicht wissen, wie Ihr Körper reagiert – ausprobieren. Mit einem Zwei-Wochen-Test. Zur Kontrolle ein Tagebuch führen. Wer allerdings unter nächtlichen Schlafstörungen leidet, sollte auf den Mittagsschlaf verzichten. Warum? Das Schlafbedürfnis, das sich im Lauf des Tages aufbaut, wird durch ein mittägliches Nickerchen wieder deutlich geringer.

Schlafstörungen

Von Schlafstörungen kann man bereits sprechen, wenn

- Wir häufig nicht einschlafen können
- Wir häufig kurz erwachen
- Wir nachts lange wach liegen
- Unser Schlaf unruhig und flach ist
- Unser Schlaf kaum erholsam ist

Vor allem: wenn diese Schlafstörungen die Leistungsfähigkeit und die Befindlichkeit negativ beeinflussen. Und zwar über einen längeren Zeitraum hinweg.

Ist eine schlaflose Nacht schlimm?

Schlaf ist fast immer ein Spiegel unseres Wohlbefindens. Wenn es uns gut geht, schlafen wir meist auch gut. Wenn wir Probleme haben, haben wir oft auch Schlafprobleme.

Keine Sorge, wenn Sie mal eine Nacht schlecht oder gar nicht schlafen (vor Aufregung, vor einer Prüfung, vor einem ganz wichtigen Termin). Das ist schlafökonomisch kein Unglück. Eine durchwachte Nacht steckt unser Organismus schon mal weg. Wenn der Termin wirklich so wichtig ist, wird Ihnen ein körpereigener Adrenalinpush über die Situation hinweghelfen.

Es würde übrigens nichts bringen, wenn Sie vorauseilend schon mit den Hühnern ins Bett gingen. Das Im-Bett-Liegen allein sorgt noch nicht für das erhoffte Ausruhen oder gar für Erholung. Dazu müssen Sie in den Tiefschlaf fallen. Bleiben Sie so lange wach, bis Sie auch wirklich müde sind.

Je mehr man sich darauf konzentriert, schlafen zu müssen, desto schwerer wird das Einschlafen. Auch hier gilt die Maxime: Es gibt für alles den richtigen Zeitpunkt – man darf es nur nicht erzwingen.

Was tun, wenn Schäfchenzählen nicht hilft?

Keine Panik, wenn Sie mal eine unwillkommene Wachphase mitten in der Nacht haben. Wenn nicht mal Schäfchenzählen (ab 400 rückwärts) wirkt. Setzen Sie sich eine Frist: Wenn ich in 20 Minuten nicht schlafe, dann stehe ich wieder auf. Gehen Sie in ein anderes Zimmer, machen Sie es sich dort gemütlich. Nutzen Sie die nächtliche Muße für Dinge, zu denen Sie sonst nie kommen. Briefe schreiben, Checkliste für die nächsten Tage aufstellen, Bilder sortieren – was auch immer Sie entspannt. Träumen Sie. Schmieden Sie Pläne. Aber verpassen Sie Ihren »toten Punkt«, den Ruf des Betts nicht.

Schlafforscher unterscheiden vier Beschwerdegruppen

- Ein- und Durchschlafstörungen (wenn Sie zu wenig Schlaf oder zu schlechten Schlaf haben)
- Übermäßige Tageschläfrigkeit (wenn Sie tagsüber regelmäßig extrem müde oder schläfrig sind)
- Störende oder sogar krankhafte Begleitsymptome (wenn Sie schlafwandeln, häufig Albträume haben, schweißgebadet aus dem Schlaf aufschrecken)
- Störungen des Schlaf-Wach-Rhythmus (wenn Sie nicht bei Dunkelheit schlafen, sondern zu anderen Zeiten; das gilt insbesondere für Schicht- oder Nachtarbeiter)

Die Siesta in südlichen Ländern ist eine Anpassung ans Klima: Man steht früh auf, wenn noch angenehme Temperaturen herrschen, und zieht sich während der größten Mittagshitze in die kühlen Häuser zurück, um sich auszuruhen. Dann ist man frisch und gestärkt für den restlichen Tag.

Die besten natürlichen Schlafmittel

»Der Schlaf ist wie eine Taube: Streckt man die Hand ruhig nach ihr aus, setzt sie sich darauf; greift man nach ihr, fliegt sie weg.« Das schöne Bild des französischen Poeten Paul Dubois stimmt: Wir können erholsamen Schlaf nicht erzwingen. Aber wir können durchaus sehr viel tun, um Kopf und Körper in den Zustand der Schlafbereitschaft zu bringen.

Elf wirkungsvolle Schlummertips

Eben vielleicht noch rege Betriebsamkeit, Reizüberflutung, innere Anspannung, Ärger. Und dann gleich schlafen wollen? Das geht nicht. Leider lassen sich Anspannung und der Wunsch nach erholsamem Schlaf nicht einfach ab- und anschalten. Sie sollten lieber versuchen, langsam umzuschalten. Was sich z. B. anbietet:

- Ein Abendspaziergang
- Die Wohnung aufräumen
- Entspannende Musik hören
- Ein paar Atemübungen am geöffneten Fenster
- Ein paar Seiten leichte Lektüre
- Ein paar Zeilen schreiben (Tagebuch, Plan für morgen)
- Warm duschen

Ein Vollbad ist ungemein entspannend – besonders Zusätze mit Lavendel oder Melisse sorgen dafür, dass man zur Ruhe kommt und so richtig schön relaxt.

Regelmäßiger Rhythmus

Auch wenn das ziemlich spießig klingt: Für Ihren Körper wäre es ideal, wenn Sie möglichst immer zur gleichen Zeit ins Bett gehen würden. Und wenn Sie immer zur gleichen Zeit wieder aufstehen. Mit einem regelmäßigen Zubettgehrhythmus finden Sie leichter in den Schlaf, weil sich der Körper einfach an bestimmte Schlaf-Wach-Zyklen gewöhnt. Und verpassen Sie nicht Ihren »toten Punkt« bzw. Ihr »Schlaffenster« – das nächste öffnet sich nämlich erst 90 Minuten später wieder.
Und am Wochenende? Am Sonntag bis in die Puppen schlafen – das hält der Schlafforscher Charles Winget (National Aeronautics and Space Administration) »für die schlimmste Sünde der Welt – vergleichbar mit einem Jetlag«. Weil dann die biologische Uhr unnötig aus dem Takt kommt.

Entwickeln Sie ein Schlafritual

Schaffen Sie sich ein Einschlafritual: vor dem Zubettgehen immer die Haare bürsten, den Körper eincremen o. Ä. Was auch nützlich ist: noch ein Glas warme Milch mit/ohne Honig trinken (das beruhigt die Magennerven und mit ihnen das vegetative Nervensystem) oder z. B. die Kleidung für den nächsten Tag zurechtlegen – auch das fördert Ruhe und Gelassenheit.

Wie man sich bettet, so liegt man. Wer sein Schlafzimmer nur zweckmäßig und ganz und gar lieblos einrichtet, braucht sich nicht zu wundern, wenn sich da kein Wohlfühlschlaf einstellen will.

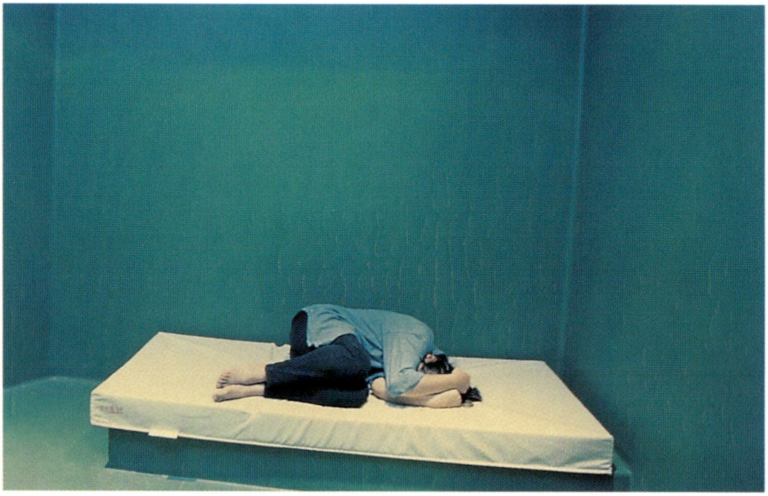

Das Schlafzimmer – gemütlich und zeitlos

Logisch, dass Sie sehr viel Ihrer Zeit (»das dunkle Drittel des Lebens«) verschlafen. Logisch daher auch: Ihr Schlafzimmer sollte Wohlfühlatmosphäre haben. Von wegen eiskalt, Wäscheständer, hässliches Mobiliar, durchgelegene Matratzen – raus damit. Schaffen Sie sich stattdessen Behaglichkeit.

Stark duftende Blumen, z.B. Lilien, sollte man nicht ins Schlafzimmer stellen. Zum einen bekommen einige Menschen davon Kopfschmerzen, zum anderen ist der Duft so benebelnd, dass man sich nicht richtig entspannen kann.

Die optimale Raumtemperatur zum Einschlafen: 14 bis 16 °C. Im Zweifelsfall lieber etwas kälter als wärmer. Vor dem Zubettgehen sollten Sie noch einmal gründlich durchlüften.

Wissenschaftler haben erkannt, dass sich auch spezielle Duftstoffe, vor allem das Aroma von Vanille und Apfel, förderlich auf den Schlaf auswirken können. Platzieren Sie also ein Potpourri.

Genauso wichtig ist: Ihr Schlafzimmer sollte ein zeitloser Raum sein. Positionieren Sie den Wecker so, dass Sie die Ziffern nicht erkennen können. Sonst schauen Sie garantiert ein ums andre Mal nach, wie spät es ist – und vor allem, wie lange Sie noch schlafen können. Das macht nur unnötig unruhig.

Apropos Wecker. Auch wenn Sie schwer aufwachen: Verzichten Sie doch auf diese bedrohlichen, schrillen, lauten Monster, die jeden Morgen das Herz von 50 auf 180 Schläge pro Minute treiben. Es gibt freundlichere Fabrikate, die recht erträglich summen.

Probleme aus dem Schlafzimmer raushalten

Klingelt es da auch in Ihren Ohren? Waren es unsere Eltern oder gar Großeltern, die immer fürs Leben predigten: Kinder, geht nie unversöhnt zu Bett. Gar nicht so blöd, diese Maxime. Nein, das Schlafzimmer sollte keine Streitarena sein und kein Schlachtfeld, aus dem sich jeden Morgen zwei erheben: eine Siegerin und ein Besiegter. Oder ein Sieger und eine Besiegte – je nachdem. Nein, das Schlafzimmer sollte auch kein Arbeitsplatz sein. Der Gedanke ans Schlafzimmer sollte einfach bloß pure Vorfreude auslösen: Oh, wie gern gehe ich doch in die Falle.

So richtig nett im Bett

Ein gutes Bett – auch eine wichtige Voraussetzung für eine gute Nacht. Was Sie beachten sollten:

- Matratze: möglichst hart und »körperunterstützend« (nach rund zehn Jahren ist sie durchgelegen – auswechseln!)
- Unterfederung: flexibler Lattenrost
- Bettdecke: möglichst leicht
- Bettzeug: natürliches, schweißaufsaugendes Material

Bei der Bettenwahl sollten Sie Ihre körperlichen Bedürfnisse berücksichtigen: Es gibt beispielsweise Matratzen für Allergiker und Rückenkranke, höhenverstellbare Bettgestelle, Kissen für Schnarcher und Bauchschläfer etc.

Muskelentspannung

Vor dem Einschlafen, am besten schon im Bett: Spannen Sie nacheinander jede Muskelgruppe Ihres Körpers an, um sie dann langsam wieder zu entspannen. Beginnen Sie mit den Zehen und den Füßen, arbeiten Sie sich schließlich bis zum Kopf hinauf (siehe Seite 102f., Muskelentspannung nach Jacobson).
Atmen Sie langsam durch die Nase ein, den Atem jeweils fünf Sekunden lang halten, dann langsam durch den Mund ausatmen.

Schlafmittel Wasser

Ab in die Wanne, unmittelbar vor dem Schlafengehen – ein probates Schlafmittel. Das Wasser sollte nicht heiß sein, nur Körpertemperatur (37 bis 38 °C) haben. Die entspannende Wirkung können Sie mit beruhigenden Substanzen (z. B. Kamille, Lavendel, Baldrian, Heublumen, Melisse) noch erhöhen.
Auch kalte Armbäder (10 bis 30 Sekunden lang) wirken richtig schön beruhigend auf den Kreislauf.

Genauso gut: ansteigende Fußbäder. Eine Prozedur, die rund 20 Minuten dauern sollte. Zur Kontrolle brauchen Sie ein Thermometer. Füße zunächst in 34 °C warmes Wasser stellen. Nach und nach sehr heißes Wasser dazugießen, bis das Wasser schließlich 40 °C hat.

Sauna

Wohl tuende Müdigkeit bringt ein Saunabesuch. Aber nicht zu spät, am besten schwitzt man am frühen Abend. Saunabäder regen den Kreislauf zunächst an. Die tiefe Entspannung folgt ein bis zwei Stunden später (siehe auch Kasten auf Seite 32f.).

Sex

Last but not least: Lust. Miteinander schlafen wirkt sich günstig auf den Schlaf aus. Das bestätigen sogar Schlafforscher. Erklärung: Hormonelle Abläufe, die während der sexuellen Aktivität ausgelöst werden, verbessern auch die Schlafbereitschaft. Na also.

Schlafmittel aus der Natur

So manch einer schwört auf heiße Milch mit Honig, wenn er nicht einschlafen kann. Auf jeden Fall sollte man dann Kaffee oder Tee meiden, denn das Koffein macht die meisten Menschen eher fit als müde.

Anders als chemische Schlafmittel, die wie eine Art Betäubung wirken, machen pflanzliche Mittel (als Tee, Extrakt oder Öl) nicht abhängig und haben keine schädlichen Nebenwirkungen:

- Baldrian
- Hopfen
- Johanniskraut
- Kava-Kava-Wurzelstock
- Lavendel
- Melisse
- Vanille
- Passionsblume

Sport macht angenehm müde

Wer regelmäßig Sport treibt, schläft schneller ein, schläft insgesamt tiefer und erholsamer. Diese Erfahrung kann schon machen, wer (regelmäßig) dreimal pro Woche z.B. 20 bis 30 Minuten joggt, schwimmt oder Rad fährt. Allerdings beginnt diese wohl tuende Wirkung erst nach der neunten Trainingswoche einzusetzen. Nach 18 Wochen ist der Erfolg dann richtig spürbar.

Allerdings: Nicht mehr spätabends powern, wenn der Körper gemäß seiner biologischen Uhr hormonell bereits aufs Zubettgehen eingestellt ist. Dann könnte das Einschlafen schwer fallen. Die optimale Zeit fürs Training ist daher bis ca. 19 Uhr.

Was Sie über Schlaftabletten wissen sollten

- Eine dramatische Zahl: Aus Angst vor einem Schlafdefizit nehmen mehr als eine Million Bundesbürger jeden Abend ein Schlafmittel (*Quelle: Wissenschaftliches Institut der AOK*).
- Leider gibt es keine Wunderpille ohne Nebenwirkungen. Chemische Hilfsmittel nehmen dem Schlaf seine Tiefe und verkürzen die für unser Wohlbefinden so wichtigen und erholsamen Traumphasen.
- Viele wissen auch nicht, wie schnell man von Schlaftabletten abhängig werden kann. Wegen des Gewöhnungseffekts verlangt der Organismus immer höhere Dosen, um eine Reaktion zu bekommen – ein Teufelskreis.
- Außerdem: Schlafmittel fördern keineswegs die Schlafqualität. Der Erholungswert von künstlich erzwungenem Schlaf ist deutlich geringer. Am nächsten Tag fühlt man sich oft benommen (der so genannte Hang-over-Effekt).
- Schlafmittel sind nur bei akuten Schlafproblemen vertretbar – und nur nach ärztlicher Absprache. Auch verschreibungsfreie Medikamente nie länger als eine, höchstens zwei Wochen lang nehmen. Warum? Weil die eigentlichen Ursachen der Schlaflosigkeit sonst verschleiert bleiben und die passive Haltung des Patienten unnötig gefördert wird.

Die Schlafmediziner Hajak, Rüther und Hauri haben einige wichtige Grundsätze für die Behandlung mit Schlafmitteln zusammengestellt:

- Schlafmittel erst dann schlucken, wenn die ärztliche Diagnose abgeschlossen ist. Dann erst kann der Arzt ein gezieltes Heilverfahren verordnen. Nimmt man solche Mittel vorher, können einige Krankheitssymptome missdeutet werden.
- Vor der Therapie mit Schlafmitteln sollen möglichst nichtmedikamentöse Verfahren ausprobiert werden (beispielsweise Entspannungstraining, Atemübungen, Ernährungsumstellung).
- Vor Therapiebeginn soll der Arzt ein Konzept erstellen. Schlafmittel spielen dabei eine Nebenrolle.

Durch den so genannten Hang-over-Effekt wirken viele Schlafmittel noch bis in den nächsten Tag hinein. Wohlbefinden, Leistungsfähigkeit und die Reaktionsschnelligkeit werden dadurch beeinträchtigt.

Essen und Schlafen

Nehmen Sie abends keine fetten, schweren und/oder scharf gewürzten Speisen mehr zu sich. Ist der Magen zu voll, muss der Körper noch einmal seine Betriebstemperatur erhöhen, um Verdauungsarbeit leisten zu können. Die Schlafbereitschaft ist jedoch an eine abfallende Temperaturkurve gekoppelt. Größere Portionen Fleisch am späten Abend sorgen nachts für wilde Träume.

Serotonin zählt neben Histamin und Dopamin zu den so genannten biogenen Aminen. Diese erfüllen zahlreiche Funktionen als Hormone oder Überträgerstoffe für den Stoffwechsel oder den Blutdruck.

Mahlzeiten, die reich an Kohlenhydraten sind, haben eine beruhigende Wirkung. Der Grund: Unser wichtigster Schlafstoff im Hirnstamm ist der Botenstoff Serotonin. Mangel an Serotonin führt zu Schlafmangel. Serotonin wird aus einer Aminosäure namens Tryptophan gebildet. Die wiederum kommt in vielen kohlenhydrathaltigen Nahrungsmitteln reichlich vor.

Nahrungsmittel als Schlafmittel

Beispiel für Abendessen, die sehr reich an Tryptophan sind:

- Vollkornnudeln mit Butter
- Spaghetti mit Tomaten, Butter und Parmesan
- Vollkornrisotto mit Zwiebeln, Pilzen, Erbsen und zarten Artischockenherzen

Weitere Lebensmittel, die beruhigend wirken

- Vollkornbrot (enthält reichlich B-Vitamine, die das gesamte Nervenkostüm beruhigen)
- Grüner Salat (enthält opiatähnliche Stoffe)
- Hüttenkäse
- Avocados
- Birnen
- Hähnchenschenkel
- Nüsse
- Bananen

Übrigens: ein leerer Bauch vor dem Schlafengehen – z.B. bei strenger Diät – wirkt sich sehr nachteilig auf das Einschlafen aus.

Nüsse enthalten viele Vitalstoffe, die unser Körper dringend braucht. Trotzdem sollte man nicht hemmungslos alle Schalen knacken – denn Nüsse sind auch sehr kalorienhaltig.

Schlafstörer Alkohol, Zigaretten, Kaffee

Ein, zwei Glas Bier oder Wein als Schlummertrunk gehen in Ordnung. Mehr kann den Schlaf erheblich beeinträchtigen. Gut, mit Alkohol schlafen wir schneller ein. Doch während des Schlafs belastet er das Nervensystem und den gesamten Organismus – denn der ist dann stark mit Abbauarbeit beschäftigt. Der REM-Schlaf wird unterdrückt. Folge: frühes Erwachen. Alkohol erzeugt außerdem oft Albträume. Studien haben bewiesen, dass Nikotin den Schlafrhythmus beeinträchtigt. Grund: Nikotin verstellt die innere Uhr.
Kaffee, Tee und Colagetränke enthalten den Wachmacher Koffein und sollten vier bis fünf Stunden vor dem Zubettgehen gemieden werden. Allerdings: Bei manchen Menschen (meist älteren) hat Koffein paradoxerweise eine einschläfernde Wirkung.
Viele Rauschdrogen (Marihuana, Haschisch etc.) wirken zunächst beruhigend, also schlaffördernd. Aber es sind auch nächtliche Panikreaktionen bekannt. Entzug führt außerdem fast immer zu peinigender Schlaflosigkeit.

Ein Gläschen in Ehren kann niemand verwehren – trotzdem sollte man einen abendlichen Schlummertrunk keinesfalls zur Regel werden lassen.

The Saturday Evening

POST

January 3, 1953 - 15¢

NEW ZEALAND TO BOSTON IN A 45-FOOT SAILBOAT:

We Made the Impossible Voyage

By LYDIA DAVIS

WIE SIE SICH SINNVOLL ERNÄHREN

Manchmal meldet er sich noch – unser Instinkt. Nach einer durchzechten Nacht beispielsweise. Nach dem bösen Erwachen entwickeln selbst jene, die sich an argloses und unkontrolliertes Trinken und Essen gewöhnt haben, ein plötzliches Verlangen nach einem »Katercocktail«. Und Ziel der sinnlichen Lust ist dabei ein Nahrungsmittel, das unter normalen Umständen allenfalls mit schnöder Verachtung bedacht wird: ein sauer eingelegter Hering.
Aber der ist in diesem speziellen Moment willkommen, weil er dem Organismus verlorene Mineralstoffe wieder zuführt. Nach dem salzigen Häppchen, so die Hoffnung, stimmt das Gleichgewicht im Körper wieder. Mediziner nennen diese Form des instinktiven Appetits auf bestimmte Nahrungsmittel somatische Intelligenz.
Diese auf den Körper bezogene Vernunft – so wird ebenso oft und vergebens beklagt – ist offenbar erschreckend vielen Menschen verloren gegangen. Fastfood, Fettliebe und maßloses Futtern – zu viel, zu süß, zu fett –, Stichworte, bei denen allen Ernährungswissenschaftlern das kalte Grausen kommt.

Auch während der Schwangerschaft treten manchmal extreme Gelüste auf – eben die altbekannte Geschichte mit der Essiggurke und der Sahnetorte. Solange der Magen das verträgt, warum nicht?

Der Mensch ist, was er isst

Diese einleuchtende Formel entstammt der »Lehre der Nahrungsmittel für das Volk«, die Ludwig Feuerbach schon im Jahr 1850 verfasste. Damals ernährten sich die Leute deftig und mit naturbelassener Kost. Und heute? Mit immer raffinierteren Methoden werden unsere Nahrungsmittel sterilisiert und pasteurisiert, Vollwertiges wird zu Minderwertigem »verfeinert«, es wird erhitzt, tiefgefroren, angereichert, bestrahlt, geschwefelt, versetzt, konserviert, ja, seit neuestem sogar massiv genmanipuliert.

Und dann noch die zusätzliche Verunsicherung durch Kalorienterror, Diätenwahn und Cholesterinangst? Wenn manche Frauen sagen, gestern habe ich gesündigt, dann reden sie nicht von Liebhabern oder Lügen – sondern vom heimlichen Stück Torte. »Sind wir schon verrückt geworden?« fragte die »Bunte«. »40 Jahre Ernährungsratschläge haben uns zu einem Volk der ängstlichen Esser gemacht.«

Essen ist keine Sünde

»Uns ist die Kultur des Essens verloren gegangen«, klagt der Berliner Psychoanalytiker Christoph Klotter, Autor eines Buches mit dem sympathischen Titel: »Essen ist keine Sünde«. Gemeinsames Kochen, zusammen essen, fröhlich genießen – wo findet man das noch? Klotter: »Wir schlingen Fastfood runter, Singles wärmen Fertigprodukte in der Mikrowelle auf. Wir essen nebenbei: beim Fernsehen, im Stehen, im Gehen. Nur weil das Essen seinen feierlichen Charakter verloren hat, konnte es zur Bedrohung für uns werden. Im Fastfoodparadies USA gilt schon die Formel: Jedes Pfund mehr auf der Waage entspricht 1000 Dollar Jahreseinkommen weniger. Esskultur leisten sich nur die Reichen.«

Falsche Schönheitsideale führen zu einer verzerrten Esseinstellung. Magersucht und Bulimie (Ess-Brech-Sucht) sind richtiggehende Krankheiten, bei denen Kalorien für die Betroffenen zur Todsünde werden.

Gaumenfreuden ohne schlechtes Gewissen

Dabei spielt Genuss beim Essen so eine wichtige Rolle fürs Wohlbefinden. Was wir essen, wirkt sich auf unsere Stimmung, auf die Schönheit, auf unsere körperliche Fitness aus. Fest steht: Essen ist nun mal ein überlebenswichtiger Trieb. Bei all den gigantischen Versuchungen heutzutage für viele eine harte Prüfung. Denn fest steht leider auch: Ein falsches Gewicht kann schwer auf unserem Selbstbewusstsein und unserer Gesundheit lasten.

Wie lässt sich das Dilemma lösen? Wir sollten einfach ein bisschen besser Bescheid wissen. Deshalb lohnt es sich auch, die eigenen Ernährungsgewohnheiten mal genauer unter die Lupe zu nehmen – und das Wissen um Essen und Trinken aufzufrischen.

Nahrung kann uns nämlich beleben oder belasten, vitalisieren oder bloß dick und fett machen. Darüber hinaus geht es beim Essen immer auch um Gesundheit, Leistungsfähigkeit und Figur.

Wussten Sie, dass …

- Erwachsene jeden Monat ihr eigenes Körpergewicht essen und trinken
- Ernährungsbedingte Krankheiten jährlich rund 100 Milliarden DM kosten (das ist ein Drittel des gesamten Gesundheitsbudgets)
- Jeder hier zu Lande (statistisch) pro Jahr 65 Kilogramm Fleisch isst
- Der durchschnittliche Zuckerverbrauch pro Person in den letzten 35 Jahren von täglich 7 Gramm auf 110 Gramm gestiegen ist
- 99 Prozent der Deutschen unter Zahnkaries leiden
- 30 bis 40 Prozent der Bundesbürger Übergewicht haben (übrigens mehr Männer als Frauen)
- 30 Prozent an Verstopfung leiden (durch zu wenig Ballaststoffe)
- Alkohol bei manchen Männern bis zu 12 Prozent der gesamten Nahrungsenergie liefert (Prof. Dr. Claus Leitzmann, Gießen)
- Sie 15 Minuten schwimmen müssten, um ein kleines Bier wieder abzuarbeiten
- Sie 1 1/2 Stunden laufen müssten, um die Energie von Bratwurst mit Pommes frites und Ketch-up zu verbrauchen
- Das Wunderwerk Mensch erst mit 50 Mikronähr- und -wirkstoffen (Wachstums- und Instandhaltungschemikalien) läuft

Wussten Sie, dass 43 Muskeln am Stirnrunzeln beteiligt sind, aber nur 15 am Lachen? Denken Sie daran, und lachen Sie öfter mal – damit vermeidet man auch Falten.

Völlerei ist zwar keine der sieben Hauptsünden mehr, wie noch in Hieronymus Boschs mittelalterlichem Ölbild auf einer Tischplatte. Denn richtiges Genießen ist in. Aber wie bei allem im Leben gilt auch beim Essen: Die Menge macht's.

Vitalität durch Ernährung

Manchmal dauert es ein bisschen, bis sich der Körper an die Verdauung der Vollwertnahrung gewöhnt hat – doch nach ein paar Tagen ist das vorbei – und dann profitiert Ihr Organismus so richtig davon.

Wussten Sie auch, dass gesunde, also »vollwertige« Ernährung (ausreichend Eiweiß, Kohlenhydrate, lebenswichtige Vitamine, Spurenelemente, Mineral- und Ballaststoffe, wenig Fett) nicht nur Vitalität und Figur verbessert, sondern auch noch folgende positiven Auswirkungen auf Ihr Lebensgefühl haben kann:

- Bessere Konzentrationsfähigkeit
- Besserer Schlaf
- Besserer Sex
- Bessere sportliche Leistungen
- Weniger Nervosität
- Geringere Anfälligkeit für Grippe, Allergien, Viruserkrankungen
- Besseres Gedächtnis
- Bessere Verdauung
- Besseres Wohlbefinden

Also hat das, was auf den Teller kommt, eine immense Bedeutung. Empfinden Sie das aber nicht als Belastung, sondern als Chance: Sie können den Körper mit Nahrung füttern, die gut tut. Sie haben es selbst in der Hand. Sie können durch bewusste Ernährung dafür sorgen, dass es Ihnen gut geht.

Wohlfühlrezepte statt Extremismus

Wenn Sie die feste Absicht haben, sich künftig gesund zu ernähren, sollten Sie diesen Wunsch auch vernünftig in die Tat umsetzen – und nicht übertreiben. Die Verantwortung fürs Wohlbefinden liegt bei jedem selbst. Freuen Sie sich auf Nahrung, die Sie fit macht. Fangen Sie an, mit Freude, Genuss und Verstand zu essen. Führende Ernährungsspezialisten (Prof. Dr. Michael Hamm, Prof. Dr. Volker Pudel, Prof. Dr. Claus Leitzmann) haben sanfte Regeln entwickelt.

Verbote sind verboten

Beispielsweise Schokolade. Sie nehmen sich vor, keine mehr zu essen. Von diesem Moment an denken Sie öfter denn je an Schokolade, Pralinen und andere süße Naschereien, richtig? Alles, was verboten ist, gewinnt an Reiz. Und leitet Heißhunger ein. Studien beweisen: Wer sich etwas verbietet, isst es trotzdem – und viel mehr davon. Drehen Sie den Spieß um! Stellen Sie sich vor, Sie müssten täglich ein, zwei Tafeln Schokolade essen. Das erzeugt innere Abwehr.

Essen Sie nur, was Sie mögen

Hört sich banal an, ist aber ganz wichtig: Essen soll Spaß machen. Wer aus Routine isst, verliert eher das Augenmaß. Verlassen Sie sich mehr auf Ihren Instinkt, der ist ein verlässlicher Wegweiser zu gesunder Ernährung. Denn unsere innere Stimme flüstert uns Nahrung ein, die wir gerade am dringendsten brauchen. Vorausgesetzt, Ihre ursprünglichen Appetit- und Sättigungssignale sind nicht durch entgleiste Essgewohnheiten verstummt.

Hauptrollen für Beilagen

Nicht Fleisch darf die Hauptrolle auf Ihrem Teller spielen, der meiste Platz sollte für die Nebendarsteller Kartoffeln, Reis, Nudeln und Gemüse reserviert sein. Also: Fleischmenge halbieren, Beilagenanzahl verdoppeln. Das gewährleistet eine optimale Nährstoffversorgung.

Ein gemischter Salat zwischendurch oder als Beilage zum Hauptgericht schmeckt nicht nur köstlich, sondern ist außerordentlich gesund und liegt voll auf der Linie der vernünftigen Ernährung. Will man auf seine Figur achten, einfach etwas weniger Salatdressing verwenden.

Gehen Sie mit der Natur

Wer sich an das hält, was Jahreszeit und Landschaft gerade bieten, fährt gesund. Naturbelassen bieten uns frisches Obst und Gemüse der Saison ihren vollen Gehalt an Vitaminen und Mineralstoffen. Außerdem sorgen die Jahreszeiten für genüssliche Abwechslung.

Werden Sie zum Pflanzenfresser

Pflanzliche Nahrung enthält die meisten gesundheitsfördernden Substanzen und ist dabei ausgesprochen fett- und kalorienarm. Fünfmal täglich Obst und Gemüse und ein guter Teil davon als Rohkost wäre optimal. Und so können Sie Pflanzliches über den Tag verteilen:

- Einmal frisches Obst zum Müsli
- Ein Glas Gemüsesaft (am besten frisch gepresst)
- Einmal gedünstetes Gemüse als Beilage
- Einmal frisches Obst als Pausensnack
- Eine kleine Portion Salat

Ihre Energiebilanz muss stimmen

Manchmal ist auch die Schilddrüse schuld, wenn Sie essen wie sonst auch und sich Ihr Gewicht trotzdem spürbar ändert.

Eigentlich ist alles ganz einfach. Wenn Sie täglich so viel essen wie Sie an Energie verbrauchen, ist alles in Butter. Dann stimmt Ihre Energiebilanz, und Sie halten auch Ihr Gewicht. Nun gibt es allerdings gute und schlechte Futterverwerter. Manche können essen wie ein Scheunendrescher – und nehmen trotzdem nicht zu. Und andere brauchen bloß ein Stück Sahnetorte anzusehen – und schon hat es sich in Hüftspeck verwandelt.

Der Energiebedarf der Menschen hat in den letzten 100 Jahren um fast 1000 Kilokalorien abgenommen. Für Erwachsene liegt er bei rund 2200 bis 2500 Kilokalorien pro Tag. Wer im Büro arbeitet, verbraucht übrigens nur 15 Prozent der Kalorien durch körperliche Arbeit. Anders Schwerstarbeiter oder Leistungssportler (30 bis 40 Prozent). Und auch Schwangere und Jugendliche im Wachstum verbrennen erheblich mehr.

Was auf den Teller gehört

Bei einer gesunden, vollwertigen Ernährung kommt es natürlich darauf an, was wir essen und trinken. Die Energie für unseren Organismus beziehen wir aus den folgenden drei Nährstoffen:

- *Kohlenhydrate:* in Obst, Gemüse, Kartoffeln, Salaten, Getreide, Hülsenfrüchten – sie sollten 50 bis 55 Prozent der Nahrung ausmachen
- *Eiweiß:* in Eiern, Fleisch, Fisch, Milchprodukten, aber auch Getreide, Soja, Hülsenfrüchten. Ideal ist ein Anteil von 15 Prozent
- *Fett:* in Ölen, Butter, Margarine, Rahm, Speck, Mayonnaise, Nüssen, Oliven, Avocados – höchstens 30 bis 35 Prozent der Nahrung

Trinken – aber richtig

Unser Körper braucht täglich zweieinhalb Liter Flüssigkeit. Die Hälfte nehmen wir mit der Nahrung auf. Obst und Gemüse bestehen zu rund 90 Prozent aus Wasser. Stillen Sie Ihren Durst am besten mit Leitungswasser, Mineralwasser, grünem Tee oder ungesüßten Kräuter- oder Früchtetees. Schwarzen Tee und Kaffee nur in Maßen trinken. Unterschätzen Sie nicht den Zuckergehalt von Softdrinks.

- Ein Glas Limonade (0,2 Liter) = 8 Würfelzucker
- Eine Dose Colagetränk (0,33 Liter) = 11 Würfelzucker
- Ein Glas Traubensaft (0,2 Liter) = 12 Würfelzucker

Die fünf häufigsten Irrtümer über gesunde Ernährung

»Kochen ruiniert den Nährwert«

Stimmt so nicht. Natürlich gehen Vitamine und Nährstoffe beim Kochen verloren. Aber Kartoffeln, Bohnen oder Linsen werden erst durch Erhitzen überhaupt verdaulich, Fleisch entwickelt sein volles Aroma. Neueste Erkenntnis: Aus Beta-Karotin entsteht durch Kochen Beta-Ionon, eine zellschützende Substanz.

Fastfood ist nicht gleich bad food. Sicherlich ist es deutlich weniger gesund wie Vollwertnahrung, doch gegen einen Hamburger ab und zu ist absolut nichts einzuwenden.

»Alle Salate sind prima für die Figur«

Stimmt so nicht. Bei Kartoffel-, Eier- oder Wurstsalat sollte das jedem klar sein. Doch auch knackige Blattsalate können es in sich haben. Wenn sie z. B. nicht Hauptbestandteil sind, sondern dekorative Unterlage für Schafskäse, Schinken, Oliven, Speckwürfel, Croutons und Nüsse. Weitere Dickmacher: zu üppige Dressings.

»Vorsicht vor Cholesterin«

Stimmt so nicht. Neuere Studien zeigen, dass Cholesterin aus Eiern, Fleisch oder Butter nicht oder nur minimal schädlich ist. Die eigentlichen Übeltäter sind Oxycholesterine. Vorsicht also bei Keksen und Kuchen, die mit oxycholesterinhaltigem Eipulver hergestellt sind.

»Lightprodukte machen schlank«

Stimmt nicht. »Nimm's light, werd schlank« ist ein Märchen: Noch keiner hat abgenommen, weil er normale Lebensmittel gegen Lightprodukte eintauschte. Unser innerer Kalorienzähler registriert nämlich durchaus, wenn er übers Ohr gehauen wird. Er holt sich die »fehlenden« Kalorien durch gesteigerten Appetit anderswo. Heißhunger wird zu »friss das Doppelte« – und mit der schlanken Figur ist es Essig.

»Süßstoff hält schlank«

Stimmt nicht. Im Gegenteil. Spürt der Körper Süßes auf der Zunge, schüttet er das blutzuckerabbauende Hormon Insulin aus. Wenn dieses keinen Zucker vorfindet, putzt es den Restzucker im Blut weg. Die Folge davon: Heißhunger. Übrigens: Saccharin wird in der Futtermittelverordnung unter »appetitanregende Stoffe« geführt – und zwar als Mastmittel.

Bei Gemüse und Gewürzen gilt generell, dass es frisch am besten schmeckt. Greifen Sie im »Notfall« lieber auf Tiefkühlprodukte zurück – darin sind immer noch mehr Vitalstoffe als in Dosenware enthalten.

Die große Nahrungsmittelhitparade

Gemüse

Algen

Inhaltsstoffe Gehören zu den Gemüsearten mit der höchsten Nährstoffdichte. Sehr viel Eiweiß, Magnesium und Jod. Gut zur Stärkung der Immunkräfte.

Gegen Stress hilft das enthaltene Nikotinamid. Es bringt seelische Ausgeglichenheit.

Tip Fragen Sie in Feinkostläden nach Algen aus Frankreich (sie sollten glänzen und angenehm riechen, dann sind sie frisch!). Wie Spinat dünsten.

Wie oft? Sooft Sie sie bekommen können

Feldsalat

Inhaltsstoffe Enthält fünfmal so viel Karotin und dreimal so viel Vitamin C wie ein Kopfsalat. Feldsalat hat einen hohen Eisengehalt und fördert die Blutbildung.

Durchblick für Computerfreaks: Das enthaltene Beta-Karotin schützt Schleimhäute und sorgt für gutes Sehen.

Tip Probieren Sie ihn mal mit Zwiebeln, Champignons und Speckwürfelchen. Oder mit Nüssen und Nussöl angemacht. Aber Vorsicht: Kalorien!

Wie oft? Täglich als Salat oder Salatzutat

Sauerkraut

Inhaltsstoffe Enthält das seltene Vitamin B12. Vitamin B6 reguliert den Eiweißstoffwechsel. Milchsäure hilft gegen Darmkrankheiten. Sauerkraut hat wenig Kalorien und eignet sich deshalb ausgezeichnet für einen Entschlackungstag. Gibt es zu diesem Zweck auch als Saft im Reformhaus.

Tip Das gesündeste Sauerkraut gibt es beim Biobauern. Vollwertig: mit geriebenem Apfel, Leinöl und Kümmel. Festliches Sauerkraut: mit Ananasstückchen und Sekt.

Wie oft? Einmal pro Woche

Die große Nahrungsmittelhitparade

Shiitakepilze
Inhaltsstoffe Der Biohit aus Asien. Lentinan, ein Polysaccharid, beugt Virus- und Krebserkrankungen vor. Die Vitamine Pantothensäure und Biotin versorgen Haut und Haare.
In Japan und China gilt dieser Speisepilz schon seit 2000 Jahren als die wirkungsvollste Medizin unter den Lebensmitteln.
Tip Nicht waschen. Wenn nicht frisch erhältlich, auf getrocknete Pilze zurückgreifen.
Wie oft? Getrocknet häufiger mal als Würze verwenden

Tomaten
Inhaltsstoffe Tomaten haben einen hohen Gehalt an Lykopin, einem roten Farbstoff aus der Gruppe der Karotinoide. Er wirkt zellschützend, unterstützt die Sehschärfe und kräftigt die Schleimhäute.
Nach neuesten Untersuchungen helfen Tomaten, Blinddarmentzündungen vorzubeugen.
Tip Knallrot müssen sie sein. Erst dann können sie ihre Wirkung richtig entfalten.
Für Leute, die es lieber flüssig mögen: 500 Gramm reife Tomaten im Mixer pürieren, würzen, trinken.
Wie oft? In der Saison Pflicht für jeden Salat

Gewürze

Bockshornklee
Inhaltsstoffe Der vitaminähnliche Stoff Cholin wirkt gegen Arterienverstopfung. Eiweiße, Eisen und ätherische Öle sind belebend und machen den ganzen Körper fit.
Tip Als Tee genossen, ist er ein guter Tip für Raucher: reinigt und entgiftet die Atemwege.
Getrocknete Blätter als Tee aufbrühen oder die Samen als Gewürz zu Gemüsegerichten geben.
Wie oft? Als Tee täglich

Sehr schmackhaft sind sonnenreife Tomaten auch auf einem Butterbrot oder als Snack zwischendurch. Besonders geeignet dafür sind Cocktailtomaten, denn die sind so richtig schön aromatisch.

Kresse enthält u. a. viel Vitamin C. Vor allem Raucher sollten darauf achten, genügend Vitamin C zu sich zu nehmen, da Nikotin ein echter Vitaminräuber ist.

Die große Nahrungsmittelhitparade

Ingwer

Inhaltsstoffe Geballte Ladung an Bitterstoffen und ätherischen Ölen. Schützt vor Blutverdickung und regt die Magenfunktion an.
Tip Ingwer schlägt alle Medikamente gegen Reisekrankheiten. Frischer Ingwer, in Scheibchen geschnitten, schmeckt im Kuchen oder im Kompott. Auch als Aroma in chinesischen Gerichten vorzüglich.
Wie oft ? Zum Würzen frischen Ingwer griffbereit stellen

Kresse

Inhaltsstoffe Ein hoher Vitamin-C-Gehalt ist ihr Trumpf. Dazu kommen Kalium, Beta-Karotin, Kalzium, Eisen und Phosphor. Reinigt Nieren und Gallenblase, stärkt den ganzen Organismus. Kresse ist besonders als Grippeschutz effektiv und hält in der dunklen Jahreszeit fit und aktiv.
Tip Leichter geht's nicht: auf der Fensterbank keimen lassen, abschneiden und über Brot oder den Salat streuen.
Wie oft? Täglich einmal

Peperoni

Inhaltsstoffe Der feurige Stoff Capsaicin befreit die Atemwege. Außerdem sind Peperoni reich an Beta-Karotin.
Die Schärfe regt das Gehirn an, Glücksstoffe zu produzieren. Fazit: Je mehr Peperoni, desto besser sind Sie drauf.
Tip Hartgesottene essen sie aus dem Glas. Ansonsten klein schneiden und zum Würzen verwenden.
Wie oft? Bis zur Schmerzgrenze, aber nicht übertreiben

Obst

Bioäpfel

Inhaltsstoffe Ihr Vitamin- und Ballaststoffgehalt ist kaum zu schlagen. Senken den Blutdruck und töten Viren ab.

Die große Nahrungsmittelhitparade

Diätplus: Da Äpfel den Glukosespiegel im Blut auf längere Zeit konstant halten, sättigen sie stark.
Tip Einfach kraftvoll zubeißen. Die meisten Vitamine sitzen unter der Schale. Köstlich sind auch Bratäpfel.
Wie oft? »An apple a day keeps the doctor away.«

Dunkle Süßkirschen
Inhaltsstoffe Die Dunklen sind besonders gehaltvoll. Mit Kalium, Magnesium und Phosphor liefern Kirschen eine Sonderration Mineralien. Die Vitamine B1, B2 und B3 bauen Zähne und Nervensystem auf.
Tip Eine Kirschenkur behebt jede Verstopfung. Gegen Fieber ist viel Kirschsaft wirksam. Naschen Sie sie direkt vom Baum, zerkleinert unter Joghurt mischen oder als Saft genießen.
Wie oft? Während der Saison täglich

Grapefruits
Inhaltsstoffe Das Fruchtfleisch enthält ein Polysaccharid, das bisher nur in der Grapefruit entdeckt wurde. Es senkt den Cholesterinspiegel im Blut. Die reichlich vorkommende Folsäure ist eine wichtige Wachstumshilfe für Kinder und Jugendliche.
Tip Supergesund sind kleine Fruchtstückchen mit Joghurt. Wem die gelben zu sauer sind: Wie wär's mit Pink Grapefruits?
Wie oft? Zweimal pro Woche

Preiselbeeren
Inhaltsstoffe Wirksames Mittel bei Blaseninfektionen. Enthält große Mengen an Pektinen und Karotin. Wird in der Naturmedizin bei rheumatischen Erkrankungen wie Gicht verwendet. Die Preiselbeere gilt außerdem als altes Hausrezept gegen Appetitlosigkeit.
Tip Wie wär's mal mit Preiselbeerkompott zu Vollkornpfannkuchen?
Wie oft? Wenn frisch erhältlich: zugreifen!

Kirschen regulieren die Verdauung, helfen bei Verstopfung und wirken entgiftend auf den ganzen Körper. Und wer kann außerdem einem Kirschkern-Weitspuck-Wettbewerb schon widerstehen?

Haferflocken haben viele Ballaststoffe. Eine Portion zum Frühstück hält den Hunger bis zu vier Stunden lang in Zaum – ein Brötchen mit Marmelade dagegen schafft das nur etwa eine Stunde lang.

Die große Nahrungsmittelhitparade

Getreide

Amaranth

Inhaltsstoffe Hat den höchsten Eisengehalt unter den Getreidesorten. Die Aminosäure Lysin aktiviert den Stoffwechsel und stärkt das Immunsystem.

Nach neuester Forschung stärkt Amaranth die Nervenkraft und das Gedächtnis.

Tip Als Vollkorn oder Mehl im Reformhaus oder im Bioladen erhältlich.

Wie oft? Mal beim Backen untermischen

Hafer

Inhaltsstoffe Kein anderes Getreide kommt als Energiespender auch nur annähernd an ihn heran. Sein Eiweiß- und Aminosäurengehalt ist unschlagbar.

Hafer gilt unter Spitzensportlern als natürliches Dopingmittel. Stärkt die Muskelkraft.

Tip Haferflocken mit Milch sind der beste Energieschub am Morgen.

Wie oft? Tägliche Frühstücksration ist Pflicht

Kichererbsen

Inhaltsstoffe Enthalten wesentlich mehr Kohlenhydrate als alle Bohnensorten. Zusätzlich Kalium und Kalzium. Beugen Osteoporose vor. Stärken den Herzmuskel.

Der Bestandteil an Vitaminen und Hormonen nimmt um ein Vielfaches zu, wenn man die Kichererbsen keimen lässt.

Tip Für Naschkatzen: geröstete Kichererbsen mit Zucker.

Wie oft? Mehrmals im Monat

Vollkornreis

Inhaltsstoffe Enthält fast das Dreifache an Ballaststoffen und mehr als das Doppelte an Mineralstoffen im Vergleich zur

Die große Nahrungsmittelhitparade

weißen Sorte, plus alle acht lebenswichtigen Aminosäuren. Optimal für eine gut funktionierende Verdauung. Leichte Beilage: Eine Tasse gekochter Reis hat nur 82 Kilokalorien.
Tip Besonders aromatisch: Reis in Pilzfond quellen lassen.
Wie oft? Ein- bis zweimal pro Woche

Fleisch/Fisch

Hähnchenbrust
Inhaltsstoffe Enthält besonders viel Vitamin B1, B2 und Eisen. Unterstützt den Knochen- und Sehnenaufbau. Hoher Anteil an Niazin und Folsäure.
Durch seinen besonders hohen Eiweißgehalt kann Hühnerfleisch Spitzensportler in der Trainingsphase unterstützen.
Tip Köstlich zu Wokgemüse oder als Bereicherung für den Salat.
Wie oft? Ein- bis zweimal pro Woche

Heringe
Inhaltsstoffe Die enthaltene Omega-3-Fettsäure schützt vor Herz- und Gefäßerkrankungen. Schmerzlindernde Wirkung. Die Aminosäure Tyrosin ist absolute Gehirnnahrung. Sorgt für geistige Fitness.
Tip Am schnellsten: als Matjes zum Butterbrot.
Wie oft? Z. B. immer freitags

Makrelen
Inhaltsstoffe Der Gesundheitsrenner unter den Fischen. Omega-3-Fettsäure beugt Blutgerinnseln, Arthritis, Asthma bronchiale, Allergien und Kopfschmerzen vor. Reich an Vitamin D und Biotin. Fördert dank des hohen Vitamin-D-Gehalts den Kalziumstoffwechsel.
Tip Frisch oder geräuchert eine Delikatesse.
Wie oft? Etwa einmal pro Woche

Hähnchenfleisch ist fettarm und deshalb besonders für all diejenigen geeignet, die auf ihre Linie achten wollen. Die knusprige Haut muss man sich dann allerdings verkneifen.

Milchsäurebakterien senken den Cholesterinspiegel im Blut, produzieren antibiotische Substanzen und aktivieren das Immunsystem. Joghurt und andere Milchprodukte sind daher ein Muss für die gesundheitsbewusste Ernährung.

Die große Nahrungsmittelhitparade

Milchprodukte

Bergkäse
Inhaltsstoffe Reich an Kalzium und Zink. Gut für Knochen, Zähne und Immunsystem. Höchstwerte an Vitamin B12 und Kalzium. Der hohe Kalziumanteil stärkt die Knochen.
Tip Zusammen mit einem Glas trockenem Rotwein entfaltet sich sein würziger Geschmack erst richtig.
Wie oft? Gehört auf jede Käseplatte

Naturjoghurt
Inhaltsstoffe Als Unterstützung für die Darmflora unschlagbar. Milchsäurebakterien fördern die Verdauungsaktivität. Forschungen in den USA zufolge soll Naturjoghurt auch die Immunfunktion der Zellen stärken.
In der Forschung wurde festgestellt, dass die aktiven Bakterien im Joghurt und durch sie freigesetzte Verdauungsstoffe wie ein Breitbandantibiotikum wirken.
Tip Der beste Joghurt ist selbst gemacht.
Wie oft? Öfter mal zwischendurch

Getränke

Grüner Tee
Inhaltsstoffe Aufgrund des Tanningehalts wirkt er antibakteriell. Tannin bekämpft außerdem Grippeviren. Grüner Tee enthält dreimal so viel von dem Krebs hemmenden Stoff Catechin wie schwarzer Tee.
Eine tägliche Teemunddusche beugt Karies vor. Japanische Forscher entwickelten eigens eine Zahnpasta auf Tanninbasis. Aufbrühzeit bei jeder Sorte individuell.
Tip Mit Kiwischeibe zusätzlicher Gehalt an Vitamin C. Mit Zitrone und Honig gegen Erkältung.
Wie oft? Eine Kanne täglich

Die große Nahrungsmittelhitparade

Mineralwasser
Inhaltsstoffe Das Wichtigste am Mineralwasser ist die Flüssigkeit. Davon braucht der Körper jede Menge. Täglich. Einige Mineralien und Spurenelemente:
Chlorid: für Gelenke, Sehnen, Magensäure, Hormontransport
Hydrogenkarbonat: Salzlieferant
Kalium: für Zellstoffwechsel und Sauerstoffversorgung des Gehirns, Enzyme, Haut
Kalzium: für Knochenaufbau, Zähne, Muskeln
Magnesium: für Muskellockerung, Hormonproduktion, Immunsystem
Natrium: für Blut, Muskeltätigkeit, Verdauung, Regulierung des Flüssigkeitshaushalts
Wie oft? Täglich mehrere Gläser. Der Gesamtbedarf an Flüssigkeit pro Tag liegt bei zwei bis drei Litern. Kann (und sollte) aber durchaus von verschiedenen Getränken und Speisen (machen bis zu 40 Prozent aus) gedeckt werden.

Orangensaft
Inhaltsstoffe Die Zitrusfrucht bekämpft Virusinfektionen. Hauptgrund: reichlich Vitamin C. Stoffe im Fruchtfleisch töten Bakterien ab. Wichtig für starke Raucher, denn sie verfügen meistens über einen sehr geringen Vitamin-C-Gehalt im Körper.
Tip Frischer Saft enthält auch zusätzlich Fruchtfasern und Ballaststoffe.
Wie oft? Täglich eine Orange auspressen

Rotwein
Inhaltsstoffe Der Pflanzenstoff Polyphenol ist ein idealer Bakterienkiller. Extrem hoher Eisengehalt. Vorbeugend gegen Herz-Kreislauf-Erkrankungen.
Tip Ein Glas Rotwein vor dem Essen regt den Appetit an. Besonders effektvoll: kräftige, trockene Rotweine.
Wie oft? Alles in Maßen – ein Glas zum Essen ist optimal

Natürlich kann man statt Orangensaft auch Grapefruitsaft trinken oder mit anderen Fruchtsäften, ebenfalls frisch gepresst, köstliche Vitamincocktails mixen.

Zehn goldene Regeln für gesundes Essen

Versuchen Sie, ein paar Tage lang Ihre Salzmenge zu reduzieren. Nach kurzer Zeit schon fällt Ihnen nicht mehr auf, dass das Essen weniger gesalzen ist – und der Eigengeschmack der einzelnen Zutaten kommt auch besser zur Geltung.

Stimmt schon, jeder Mensch isst anders, jeder hat besondere Bedürfnisse. Trotzdem haben sich die Ernährungswissenschaftler auf allgemein gültige Erkenntnisse verständigt.

1. Vielseitig, aber nicht zu viel Je phantasievoller Sie Ihren Speiseplan zusammenstellen, desto besser können Sie einen Mangel an wichtigen Stoffen vermeiden. Abwechslung schützt Sie auch vor einem Zuviel an eventuell vorhandenen Schadstoffen.

2. Weniger Fett Wer zu viel Fett isst, wird nicht nur dick, sondern läuft auf Dauer auch Gefahr, krank zu werden. Gehen Sie sparsam mit Butter, Margarine und Öl um. Achten Sie auch auf Fettfallen: Wurst, Käse, Fleisch, Sahne, Eis, Kuchen und Schokolade.

3. Würzig, aber nicht salzig Zu viel Salz kann zur Entstehung von Bluthochdruck beitragen. Außerdem übertönt Salz den Eigengeschmack der Speisen. Frische Kräuter sind eine gesunde Alternative. Nehmen Sie Jodsalz, wenn Sie salzen. Damit beugen Sie dem weit verbreiteten Jodmangel (Kropf) vor.

Der ist gut, der kommt nicht nur in die Suppe. Lauch, auch bekannt als Porree, ist ein sehr würziges Gemüse, das vielen Gemüsemixgerichten eine ganz besondere Note gibt.

4. Weniger Süßes Zucker verursacht nicht nur Karies. Zu viel davon wird vom Körper in Fett umgewandelt und in Fettpolstern abgespeichert. Obst ist eine gute Alternative, um auf den süßen Geschmack zu kommen und dennoch Kalorien zu sparen. Wenn Sie aber Süßes essen: Genießen Sie's! Nur nicht zu oft.

5. Mehr Vollkornprodukte Naturreis, Getreide, Haferflocken, Müsli, Vollkornnudeln und -brot versorgen uns mit wichtigen Vitaminen, Mineralstoffen und Spurenelementen. Die darin enthaltenen wertvollen Ballaststoffe regen die Verdauung an. Vollkornprodukte machen satt, aber nicht dick.

6. Mehr Gemüse und Obst Ob als Rohkost oder gedünstet – Gemüse, Obst, Kartoffeln und Kräuter sollten den größten Teil unserer Nahrung ausmachen. Sie versorgen uns mit Vital- und Ballaststoffen. Außerdem enthalten sie eine Vielzahl weiterer Stoffe, die eine wichtige Rolle neben den Vitaminen spielen.

Im Wok lassen sich herrliche Gerichte schonend und schnell zubereiten. Das Gemüse bleibt knackig, und empfindliche Vitalstoffe werden nicht zerstört.

7. Eiweiß in der richtigen Dosis Pflanzliches Eiweiß aus Kartoffeln, Hülsenfrüchten und Getreide ist wertvoll für den Körper. Auch Milch, fettarme Milch- und Sojaprodukte und Fisch sind gute Eiweißquellen. Fettes Fleisch und Wurst sollten hingegen reduziert werden. Bevorzugen Sie magere Fleisch- und Wurstsorten.

8. Richtig trinken Ihr Körper braucht viel Flüssigkeit. Mindestens zwei Liter am Tag. Am besten trinken Sie Mineralwasser, Gemüsesaft, verdünnten Fruchtsaft. In Maßen auch Tee oder Kaffee. Gut sind außerdem wasserreiches Obst und Gemüse. Alkohol ist nicht zum Durstlöschen geeignet, denn er regt die Harnausscheidung an und führt so zu Flüssigkeitsverlust.

9. Öfter kleine Mahlzeiten Mit fünf kleinen Mahlzeiten kommt Ihr Körper meist besser zurecht als mit drei großen. Umfangreiche Mahlzeiten belasten die Verdauung und machen zudem müde.

10. Schonend zubereiten Behandeln Sie Lebensmittel so, dass möglichst viele Vitalstoffe erhalten bleiben. Das beginnt schon beim Einkauf und der Lagerung: möglichst täglich einkaufen, alles ganz frisch verarbeiten. Beim Säubern nicht lange wässern. Gemüse und Obst erst abspülen, dann putzen. Zum Garen wenig Wasser und Fett verwenden. Nur kurz erhitzen. Auf keinen Fall lange kochen.

Nach: Deutsche Gesellschaft für Ernährung e.V.

WIE SIE DIE WAAGE HALTEN

Bereits im Kindesalter legt der Körper Fettdepots an – häufig ist es sehr schwer, diese wieder los zu werden.

Kennen Sie das auch, dieses mulmige Gefühl am Morgen, dieses schlechte Gewissen, denn am Abend zuvor hat der Schweinebraten mal wieder so gut geschmeckt? Aber das böse Erwachen kommt leider unausweichlich – spätestens auf der Waage. Sie stellen fest, dass Sie wieder zugelegt haben.

Allerdings – nichts gegen Fett. Der Mensch ist nun mal so konstruiert, dass er ohne Fett gar nicht leben kann. Neben Eiweiß ist Fett der wichtigste Baustoff, der das Gebäude Mensch zusammenhält. Bei Männern sind rund 15 Prozent Körperfett normal, bei Frauen rund 20 Prozent. Fett ist geballte Kraft und konzentrierte Energiequelle. Allerdings müssen Sie darauf achten, dass eben nicht der fette Schweinebraten oder andere überfette Dinge Lieferanten sind, sondern Sie sollten mit ihrer Fettzufuhr sorgsam haushalten.

Fett ist lebenswichtig

Wie gesagt, ganz ohne Fett geht es im Leben nicht. Wir können ihm gar nicht völlig ausweichen. Außerdem brauchen wir es zum Überleben. Ein Gramm Fett liefert 9,3 Kilokalorien. Kalorien, auf die Sie gerne verzichten würden, denken Sie. Aber:

- Fett dient als eine Art Polster für die Organe in unserem Körper.
- Fast die Hälfte unseres Körperfetts liegt unter der Haut – es schützt gegen Temperaturschwankungen.
- Fett transportiert die fettlöslichen Vitamine A, D, E und K sowie die unentbehrlichen (essenziellen) Fettsäuren.
- Erst durch Fett wird das Vitamin D für den Körper verfügbar.
- Mit etwas Fett schmeckt das Essen besser – Fett bringt Aromastoffe zur Geltung.

Zu viel Fett macht fett

Schlankheit nicht um jeden Preis: Wenn man sich kasteit, nur um dem uns täglich von den Medien vorgegaukelten Idealtypus zu entsprechen, ist man meist schlecht gelaunt und auch nicht voll leistungsfähig. Man sollte darauf achten, bei welcher Kilogrammzahl das persönliche Wohlfühlgewicht liegt – und dann versuchen, es auch zu halten.

Männer sollten am Tag höchstens 70 bis 80 Gramm Fett konsumieren, Frauen allenfalls 60 Gramm. Als Faustregel gilt: ein Gramm Fett pro Kilogramm Körpergewicht.
Allerdings: Unsere tägliche Fettzufuhr beträgt ein Vielfaches davon. Fette Süßigkeiten (Schokolade, Pralinen, Kuchen, Kekse), versteckte Fette (Wurst, Saucen, Fertiggerichte) und bekannte, ganz offensichtliche Fettsünden (Currywurst mit Pommes und Mayo, Pizza) – statistisch liegt die durchschnittliche Fettaufnahme bei 140 Gramm pro Tag. Manche Menschen übertreffen diese Marke noch bei weitem. Und so viel steht fest: Zu viel Fett macht fett.
Wenn Sie Ihr Wohlfühlgewicht halten wollen, müssen Sie beim Essen beginnen. Natürlich müssen Sie essen, um genug Energie zu haben und gesund zu bleiben. Nicht die Nahrung macht Sie dick, nein – nur zu viel Fett.

»Ich war fett, ich war fit – fit ist besser«

Susan Powter ist eine extreme Persönlichkeit, die eine typische amerikanische Karriere gemacht hat. Powter, vormals ein 260-Pfund-Brummer, ist inzwischen Amerikas neue Fitnessqueen mit Millionenbusiness. Über die »Fließbandfitness«, bei der die Leute die Beine werfen, springen und hüpfen, bis sie umfallen, geifert sie: »Das ist nicht Fitness, das ist Irrsinn.«
Damit hat sie recht. Gewiss, eine Fitnessmissionarin wie sie kokettiert und provoziert auch ganz gerne. Aber immerhin ist sie ehrlich, wenn sie z. B. sagt: »Tun Sie nichts wegen der Gesundheit, tun Sie es, um Ihr Aussehen zu mögen und Ihr Wohlbefinden zu verbessern.« In einem Interview sagte Susan Powter: »Vergessen Sie Gesundheit. Tun Sie es nicht deswegen. Das war niemals meine Motivation. Ich habe keine 60 Kilo abgenommen, um ein gesundes Herz zu haben. Ich wollte besser aussehen als die Freundin meines Exmannes.«
Was für sie, die Fitnessunternehmerin, echte Erfolgserlebnisse sind? Wenn ihre Frauen den Gewinn durch Fitness z. B. so erklären: »Weißt du, wenn ich jetzt mit meinem Mann schlafe, sagt der: Ich kann fühlen, wie dein Hintern knackiger geworden ist. Und ich sage dir, das ist ein verdammt gutes Gefühl.«

Das Idealgewicht unterliegt auch immer gewissen Modetrends – waren vor etwa 350 Jahren üppige Rubensdamen der Inbegriff von Schönheit und Gesundheit, ist heute eher der sportliche, androgyne Typ gefragt.

Was heißt eigentlich Normalgewicht?

Gibt es ein Idealgewicht?
Und was bedeutet Wohlfühlgewicht?

- Idealgewicht – der Begriff stammt aus der Fünfziger-Jahre-Werbebroschüre einer amerikanischen Lebensversicherung. Da wurde behauptet: Je schwerer Menschen sind, desto eher würden sie sterben. Und Beinahe-Magersüchtige wurden als Idealtypen präsentiert. Aber: Ein Idealgewicht gibt es nicht, genauso wenig wie es eine Idealgröße gibt.
- Normalgewicht – eine Orientierungsgröße, die der französische Arzt Paul Broca vor gut 100 Jahren einführte: Körpergröße in Zentimetern minus 100 = Normalgewicht in Kilogramm. Im Einzelfall ist diese Formel zu ungenau, denn Abweichungen von 15 Prozent nach unten und bis zu 10 Prozent nach oben sind für einen gesunden Menschen auch »normal«.
- Stattdessen empfehlen Ernährungswissenschaftler und Mediziner, das Wohlfühlgewicht anzustreben. Denn die Forschung hat gezeigt, dass jeder Körper ein ganz individuelles Gewicht annimmt, bei dem er dann am besten funktioniert. Dabei kann das Wohlfühlgewicht durchaus ein bisschen vom gängigen Schönheitsideal abweichen.

Wie Sie mehr Kalorien verbrennen

Natürliche Bewegung

Unsere Lebensweise wird erstens davon bestimmt, was wir essen. Und zweitens davon, ob wir uns genügend bewegen. Wer während der Arbeitszeit (am Schreibtisch) und nach Feierabend (vorm Fernsehapparat) überwiegend sitzt, sich sonst nur vom Auto oder Fahrstuhl bewegen lässt, muss sich nicht wundern, wenn er zunehmend träge und schlapp wird – und zunimmt. Die Muskeln sind schlaff, weil sie nicht gebraucht werden, der Kreislauf wird höchstens bei Aufregungen angeregt – aber nicht auf natürliche Art. Wir Menschen sind nun mal von Natur aus Bewegungstiere, die nicht darauf ausgelegt sind, rumzuhocken oder uns transportieren zu lassen.

Aber Bewegungstraining muss deshalb nichts mit verbissenem sportlichem Ehrgeiz zu tun haben. Zusätzliche Bewegung lässt sich leicht in den Alltag einbauen. Statt mit dem Auto einfach mal mit dem Fahrrad einkaufen fahren. Oder, noch besser, öfter stramm zu Fuß gehen. Eine halbe Stunde hilft dem Fettstoffwechsel schon enorm – wenn man es regelmäßig tut.

Und im Büro? Bewegung – nichts leichter als das: Holen Sie sich Ihren Kaffee doch mal selbst aus der Küche. Bringen Sie die Notizen für den Chef persönlich in den dritten Stock – und zwar zu Fuß, nicht mit dem Aufzug. Und mittags nicht am Schreibtisch hocken bleiben, sondern kräftig die Füße vertreten.

Treppensteigen als Training

Warum soll man extra ins Fitnessstudio rennen, um dort 30 Minuten lang auf dem Stepper zu trainieren, wenn man diese Übung tagtäglich gratis und genauso effektiv in jedem Treppenhaus absolvieren kann?

Sie sollten Treppen nicht länger als mühselige Hindernisse oder gar Quälgeister missachten. Betrachten Sie Treppen als ideale Trainingspartner für Ihre Fitness. Man könnte Treppensteigen auch hochtrabend »Step-by-step-Programm« nennen.

Treppensteigen bringt Muskulatur und Kreislauf auf Touren. Wenn Sie täglich fleißig Treppen steigen, strafft das Waden, Oberschenkel, Po und das Bindegewebe in den Beinen. Und als Kalorienkiller taugt Treppensteigen allemal.

Der amerikanische Fitnesspionier Jack La Lanne vergleicht den menschlichen Körper gerne mit einem Verbrennungsmotor: »Je kräftiger Sie atmen, desto mehr Sauerstoff gelangt in Ihren Blutkreislauf, und desto schneller verbrennen Sie das Fett. Es ist ähnlich wie bei einem Kamin. Je mehr Luft Sie dem Feuer zuführen, desto schneller brennt es.«

Verrückte Kalorienzählerei

Das treibt schon seltsame Blüten, diese Kalorienzählerei und der Diätenwahn. Wussten Sie z. B., dass:

- Weltweit über 25 000 verschiedene Diäten angepriesen werden
- Ein Lachen etwa die Hälfte der Kilokalorien, die in einem Weingummi stecken, verbraucht
- Täglich drei Küsse übers Jahr gerechnet drei Pfund Fett verbrennen
- Man fünf bis sechs Stunden lang stehen müsste, um 500 Kilokalorien zu verbrennen

Wie viel Kalorien wir womit verbrennen

Tätigkeit (10 Minuten)	Verbrauch (kcal/kg Körpergewicht) 50 kg	70 kg	85 kg
Sitzen	10	15	18
Stricken	11	16	19
Stehen	13	19	23
Schreiben	14	21	25
Tippen	15	22	27
Nähen (mit der Hand)	16	23	28
Auto fahren	18	26	32
Klavier spielen	20	28	34
Tapezieren	24	34	41
Tanzen	25	36	44
Boden wischen	31	43	53
Einkaufen	31	43	53
Rad fahren (langsam)	32	45	55
Gymnastik	33	46	59
Gehen (ebenerdig)	40	55	69
Gehen (ansteigend)	41	57	71
Golf	42	59	73
Gewichtheben (Hanteln)	43	60	74
Skilaufen	49	68	84
Rad fahren (zügig)	50	69	86
Aerobic	51	71	89
Tennis	54	75	94
Bergsteigen	60	83	104
Schwimmen (langsam)	61	84	105
Joggen	66	91	114
Fußball spielen	67	93	116
Schwimmen (schnell)	81	111	140
Seilspringen	81	113	141
Laufen (schnell)	96	132	166
Seilspringen (intensiv)	98	135	170
Squash	106	145	183

Bei normaler Bürotätigkeit verbrauchen Frauen täglich ca. 2000 bis 2200 Kilokalorien, Männer 2400 bis 2600 Kilokalorien. Um das Gewicht zu halten, darf man dem Körper nicht mehr geben, als er verbrauchen kann. Denken Sie daran, wenn Sie abnehmen wollen, und vertilgen Sie nicht gleich eine ganze Tafel Schokolade; die hat nämlich über 500 Kilokalorien.

Wasser – ein natürlicher Fettfeind

Wasser und ungesüßte Tees sind die optimalen Durstlöscher. Sie stillen Durst auf die gesunde Art und erfrischen den ganzen Körper. Nach stark zuckerhaltigen Getränken meldet sich der Durst nämlich oft schnell wieder – und dann stärker als zuvor.

Trinken Sie so viel Wasser wie möglich. »Wasser ist vielleicht der einfachste, aber auch wirkungsvollste Schlüssel, wenn man Fett loswerden will«, erklärt Ellington Darden, Direktor bei Nautilus Sports/Medical Industries.

- Wenn Sie morgens aufwachen, erst mal ein Glas Wasser trinken, um das nächtliche Flüssigkeitsdefizit auszugleichen.
- Wenn sich zwischen zwei Mahlzeiten der Hunger meldet: erst mal Wasser trinken. Das zügelt den Appetit.
- Wenn Sie leicht müde werden: statt einen süßen Snack einzuschieben, lieber ein Glas Wasser trinken.
- Am besten jede Stunde oder zumindest alle zwei Stunden ein Glas Wasser trinken.

Wenn Sie kaltes oder gar eiskaltesWasser trinken (ist aber nicht gut für den Magen), gehen so ganz nebenbei zusätzlich Kalorien flöten. Experten haben ausgerechnet: bei acht Glas Wasser runde 200 Kilokalorien. So viel Energie braucht nämlich der Organismus, um das Wasser im Magen auf Körpertemperatur zu erwärmen.

Sie müssen ja nicht gleich elchmäßige Mengen trinken, aber etwa zweieinhalb Liter Flüssigkeit täglich sollten es schon sein.

Falscher Essrhythmus – ein Dickmacher

Es kommt nicht nur darauf an, was wir essen, sondern auch, wann wir essen. Das alte Drei-Mahlzeiten-Schema ist ernährungswissenschaftlich nicht mehr zeitgemäß. Zwar entspricht es vielfach unserer Arbeits- und Lebenssituation – aber es wird den Bedürfnissen des Körpers keineswegs gerecht.

Ein ballaststoffreiches Frühstück spendet Energie für den ganzen Tag. Abends sollte man darauf achten, leicht Verdauliches zu sich zu nehmen – und vor allem nicht erst kurz vor dem Schlafengehen zu essen.

Wenige üppige Portionen führen leicht zu Spitzenbelastungen des Stoffwechsels: Anstieg der Blutfettwerte und des Blutzuckerspiegels. Folge: hohe Produktion des Hormons Insulin, was wiederum die Einlagerung von Fett begünstigt.

Ein fitnessfreundlicher Essrhythmus wäre: fünf Mahlzeiten über den Tag verteilt. Ernährungswissenschaftler empfehlen Folgendes:

- Frühstück (25 Prozent der Energiezufuhr)
- Zweites Frühstück (10 Prozent)
- Mittagessen (30 Prozent)
- Nachmittagsimbiss (10 Prozent)
- Abendbrot (25 Prozent)

Damit können Sie auch Heißhungerattacken, Schwankungen des Blutzuckerspiegels und letztlich einer Gewichtszunahme vorbeugen.

Gesunde Snacks gegen den Heißhunger

Snacks beugen nicht nur dem Hungergefühl vor, sondern auch dem Heißhunger auf Süßes. Heißhunger verführt zu Negerkussorgien. Manche macht er zu Keksmonstern oder Schokoladevernichtern. Bei Heißhunger geht einem die Kontrolle absolut verloren. Und der Genuss? Nicht der Rede wert, denn hinterher sind die Reue und der Ärger über sich selbst meist riesengroß.

Die Lösung bei solchen Attacken: essen, bevor Hunger und Gier überlebensgroß werden. Was bietet sich an? Ein paar Beispiele:

- Müsliriegel
- Obst (Äpfel, Orangen, Bananen)
- Rohkost (Karotten, Kohlrabi)
- Cracker
- Vollkornbrötchen
- Folienkartoffeln
- Pistazien, Mandeln, Sonnenblumenkerne

Genießen Sie Gutes

Gründliches Kauen tut nicht nur Ihren Zähnen gut; die Nahrung wird so eingespeichelt und ist besser zu verdauen.

Was immer Sie gerade essen, essen Sie langsam. Kauen Sie ausgiebig. Legen Sie möglichst nach jedem Bissen die Gabel nieder – das zögert den Vorgang des Essens weiter hinaus. Es ist nämlich erwiesen, dass das Gehirn nach ca. 20 Minuten ein Signal sendet: Du bist voll. Sehen Sie Ihren Körper ruhig mal als Ferrari. Einer wie Michael Schumacher kann nur erfolgreich fahren, wenn er immer alle Instrumente im Auge behält – und Super tankt. Führen auch Sie Ihrem Körper nur die besten Brennstoffe zu.

Die »Anstatt«-Tabelle

Lebensmittel	Gewicht in g	Menge	Energiereich	kcal	Energiearm	kcal
Suppe	150	1 Teller	Käsecremesuppe	135	Brühe mit Gemüse	45
Fleisch	150	1 Portion	Schweinebraten	325	Schnitzel Hähnchen	105 185
Wurst	150 30	1	Bratwurst Salami	450 135	Lachsschinken Corned beef	40 45
Fisch	150	1	Räucheraal	510	Kabeljaufilet	120
Milch	250 150	1/4 l	Vollmilch Sahneeis	165 395	Buttermilch Joghurt	90 75
Käse	50	1 Ecke	Camembert (50% Fett)	165	Camembert (30% Fett)	110
	50	2 EL	Sahnequark	80	Speisequark	45
Gemüse	200		Erbsen, grün	175	Blumenkohl	55
Obst	300		Weintrauben	225	Grapefruit	70
Kartoffeln	200		Pommes frites	440	Pellkartoffeln	170
Kuchen	120	1 Stück	Sahnetorte	395	Obstkuchen	210
Streichfett	20		Butter/Margarine	155	Halbfett	75
Getränke		1/4 l 1/4 l	Traubensaft Wein	175 200	Tee mit Zitrone Mineralwasser	0 0
Knabberei	50		Erdnüsse	300	Gewürzgurke	10

Quelle: Deutsche Gesellschaft für Ernährung e.V.

Kontrolle bewahren

Beobachten Sie Ihren Körper. Nein, nicht indem Sie sich hysterisch mehrmals täglich auf die Waage stellen. Stellen Sie sich lieber vor den Spiegel. Der Spiegel ist ein unbestechlicher, manchmal auch gnadenloser Augenzeuge Ihrer Verfassung.

Passt die Lieblingshose nicht mehr, oder spannt das Hemd? Das sind manchmal bessere Indizien als der Zeiger der Waage, der Ihnen z.B. nach dem Saunabesuch zwei bis drei Kilogramm weniger vorgaukelt. Die erklären sich aber allein durch den Flüssigkeitsverlust und sind deshalb leider nicht dauerhaft verschwunden.

So viel Bewegung wie möglich

Amerikanische Studien beweisen, dass Bewegung direkt nach den Mahlzeiten die Fettverbrennung deutlich anregt. Da werden unter Umständen doppelt so viele Kalorien verbrannt und verheizt wie normalerweise.

Bewegung soll hier nicht heißen: höchste sportliche Belastung. Das wäre ja auch Unsinn, direkt nach dem Essen. Es geht um moderate Bewegung. Sie sollen nicht mal schwitzen. Bewegung heißt z.B.: 10 bis 20 Minuten Spaziergang, den Hund ausführen, Treppen steigen statt Lift fahren, Beine vertreten (während Sie telefonieren, lesen). Es haben sich folgende Schlüsselzeiten als besonders verbrennungsfreudig herausgestellt:

- Die erste Stunde nach dem Aufstehen
- Die 15 bis 30 Minuten nach dem zweiten Frühstück
- Der frühe Abend, 30 Minuten nach dem Abendessen

Spieglein, Spieglein an der Wand … Der kritische Blick dorthin kann einem sagen: alles o.k. Aber auch: Du solltest mal wieder an dir arbeiten.

Beim Wohlfühlessen geht es nicht darum, »schlechte« Nahrungsmittel radikal vom Speiseplan zu streichen, sondern eine Ausgewogenheit zwischen schmackhaften und gesunden Varianten zu finden. Dabei sollten sowohl Lust als auch Vernunft Küchenmeister sein.

Ihr Ernährungscheck

Keiner möchte ständig Kalorien zählen. Aber jeder möchte sein Wohlfühlgewicht finden – und halten. Wie kann ich also auf einfache Weise überprüfen, ob ich mich mit meiner Ernährung einigermaßen im grünen Bereich befinde?
Der Sportmediziner und Ernährungsexperte Dr. Jack L. Groppel aus Orlando/Florida, der auch Tennisprofis wie Monica Seles und Michael Chang berät, hat eine täglich anwendbare Checkliste entwickelt. Sie berücksichtigt den aktuellen Stand der wissenschaftlichen Erkenntnisse. Auch nach Dr. Groppels Überzeugung kann nur eine vernünftige Kombination zum gewünschten Erfolg – sprich: Wohlfühlgewicht – führen: fettarme Ernährung und regelmäßiges Bewegungstraining.
Der folgende Test funktioniert ganz einfach. Er hilft auch, Ihr Ernährungsbewusstsein zu fördern. Gehen Sie einmal täglich (am besten abends) die Liste unten durch. Was zutrifft, gibt einen Punkt für Sie.
Tägliches Ziel: 27 Punkte

- ❑ Ich habe gesund gefrühstückt.
- ❑ Ich habe heute morgen heiß-kalt wechselgeduscht.
- ❑ Ich habe ganz gezielt gegessen, um meine körperliche und geistige Leistungsfähigkeit dauerhaft auf ein hohes Niveau zu bringen.
- ❑ Ich habe immer nur kleine Happen gegessen und die Mahlzeiten auf mindestens fünf kleinere Portionen verteilt.
- ❑ Ich habe ein fettarmes Milchprodukt (Joghurt, Hüttenkäse) gegessen.
- ❑ Ich habe mindestens zweimal Obst gegessen.
- ❑ Das Fett, das ich gegessen habe, bestand größtenteils aus ungesättigten Fettsäuren (z. B. Olivenöl).
- ❑ Ich habe heute weder gekochtes Ei noch Rührei oder Spiegelei gegessen.
- ❑ Ich habe heute mindestens eineinhalb Liter Wasser, Kräutertee oder Saft getrunken.

Ihr Ernährungscheck

- ❑ Ich habe so wenig raffinierten Zucker wie möglich gegessen (also kaum Bonbons, Schokolade, Kuchen).
- ❑ Ich habe auf ein Dessert verzichtet.
- ❑ Ich habe nichts Gebratenes gegessen.
- ❑ Ich habe sehr wenig (also gerade mal einen Teelöffel) Mayonnaise oder Salatdressing gehabt.
- ❑ Ich habe ein Vollkornprodukt (Brot, Müsli) gegessen.
- ❑ Ich habe meinen Koffeinkonsum reduziert (zwei Tassen Kaffee bzw. drei Tassen Tee).
- ❑ Ich habe nur eine Cola bzw. Limo (0,33 Liter) getrunken.
- ❑ Ich habe nur wenig oder gar kein Salz ins Essen getan.
- ❑ Ich hatte wenig Alkohol (ein Glas).
- ❑ Ich habe mindestens zwei Portionen Gemüse gegessen.
- ❑ Ich habe ein Etikett mit den Nährwertangaben gelesen.
- ❑ Ich bin mindestens eine halbe Stunde lang spazieren gegangen.
- ❑ Ich habe reichlich Ballaststoffe (Kartoffeln, Gemüse, Getreide, Körner) gegessen.
- ❑ Ich habe heute nur fettarmes Fleisch gegessen (z.B. Hühnchen ohne Haut).
- ❑ Ich habe heute wenig Butter oder Margarine gegessen.
- ❑ Ich habe heute nie Durst aufkommen lassen.
- ❑ Ich habe nicht mehr als 120 Gramm Rind- oder Schweinefleisch gegessen.
- ❑ Ich habe heute Gymnastik gemacht.
- ❑ Ich habe heute mit Genuss gegessen.
- ❑ Ich habe heute mindestens 25 Minuten Intervalltraining oder Aerobic gemacht.
- ❑ Ich habe heute mit Verstand gegessen.
- ❑ Ich habe mir Zeit zum Essen genommen und jeden Bissen in Ruhe gekaut.
- ❑ Meine Essgewohnheiten hatten keine Auswirkungen auf meinen Schlaf.
- ❑ Ich habe zwischendurch rohes Gemüse geknabbert.

Achten Sie auch auf Ihren Nikotinkonsum. Wenn Sie von Ihrem Laster schon nicht ganz wegkommen, sollten Sie wenigstens versuchen, die Zahl der Glimmstängel nach unten zu drücken.

OLYMPIC
STANDARD
45 LBS

WIE SIE IHR LEBEN VEREINFACHEN

Wer kennt das nicht? Arbeiten bis fast zum Umfallen, danach noch ins Theater oder Kino und am nächsten Tag wieder topfit am Arbeitsplatz. Wenn das alles so einfach wäre. Und dann ist da ja schließlich auch noch der Freizeitstress.
Vieles von dem, was wir tun – tun wir das nicht ziemlich gedankenlos? Ist manches davon, vielleicht sogar vieles, nicht sinnlos? Machen wir nicht allzu viele Dinge bloß aus purer Gewohnheit?
Außerdem: Tun wir nicht viel zu viel – nur, weil wir Angst haben, wir könnten vielleicht etwas verpassen? Überladen wir uns, unser Leben, nicht allzu oft mit viel zu viel überflüssigem Krempel? Gehen wir nicht viel zu viele Termine, Verpflichtungen oder Verabredungen ein – weil wir uns davon vielleicht noch mehr vom Leben erhoffen?
Vielleicht sollten Sie lernen, einfach mal Nein zu sagen und ein wenig mehr Zeit mit sich selbst zu verbringen. Was meinen Sie, wie gut Ihnen das tun wird!

Steht schon am Montag fest, welche Termine am kommenden Wochenende wahrzunehmen sind? Versuchen Sie, Ihre Freizeit zur Wohlfühlzeit werden zu lassen, also weniger zu planen und lieber spontan auf Ihre Wünsche und Bedürfnisse zu reagieren.

Zeitnot – ein Phänomen unserer Zeit

Wir rennen und rennen und wundern uns, wenn wir am Ende doch keine Zeit gewonnen haben. Dabei haben wir doch so viel Freizeit wie nie zuvor. Die Arbeitszeit nähert sich der 35-Stunden-Woche. Sechs Wochen Urlaub, jede Menge Feiertage. Vor 100 Jahren mussten die Menschen noch bis zu 80 Stunden in der Woche schuften. Und Urlaub? So was kannten unsere Uropas und -omas nicht. Sie hatten sicher weniger Zeit. Trotzdem litten sie weniger unter Zeitproblemen. Weil sie mit der Zeit lebten – nicht gegen die Zeit.

Um dem Druck im Job auf Dauer standhalten zu können, ist es wichtig, wenigstens in seiner Freizeit für Ausgleich zu sorgen und Terminstress zu vermeiden.

Es sind nicht nur Manager, Ärzte, berufstätige Mütter oder Pendler, die ständig klagen: keine Zeit. Wir alle haben uns offenbar damit abgefunden, in dieser verdammten Zeitfalle zu stecken. Schon Schüler und selbst Pensionäre winken ab: »Keine Zeit.«
Oh ja, wir sind es gewöhnt, hart zu arbeiten. Daher wissen wir um den Wert von Freizeit. Verplanen wir sie deswegen so? Wir lassen uns kaum einen Freizeitspaß entgehen. Für Städtehopping ertragen wir gottergeben Staustress. Wir gefallen uns beim Partyhopping. Einer aus der Tempogeneration sprayte den ganzen Widersinn an die Wand: »Ich weiß nicht, wohin, aber ich bin schneller dort.«

Weniger ist oft mehr

Laut einer BAT-Freizeitstudie beklagen inzwischen drei von vier Zeitgenossen dieses alltägliche Gehetze und Gedränge, dieses Schlangestehen. Oder auch diese Pflichttermine, Pflichtbesuche, die scheinbar unvermeidlich sind, aber selbstverständlich eben doch vermeidbar wären. Finden wir heute wirklich keine freie Minute mehr, oder nehmen wir uns nur zu wenig Zeit? Zeit, um z. B. bloß mal die Seele baumeln zu lassen.

Wenn das Handy zweimal klingelt – kann einem schon mal der Kragen platzen. Bevor man allerdings an diesen Punkt kommt, sollte man sich lieber überlegen, ob man wirklich immer und überall erreichbar sein muss.

Wandel im Zeitgeist

Zum Glück wächst jetzt langsam die Zahl jener, die erkennen, dass mehr Action, mehr Entertainment, mehr Konsum, von allem immer mehr nicht automatisch mehr Zufriedenheit oder gar Glück mit sich bringen muss. Im Gegenteil. Marktforscher entdeckten in jüngster Zeit eine »neue Bescheidenheit«. 42 Prozent der Befragten lehnen Konsumorgien früherer Jahre ab, 31 Prozent betonen, dass sie als Verbraucher jetzt »bleibende Werte« suchen. Nur noch acht Prozent sehen im »Genuss von Luxus« einen wichtigen Bestandteil ihres Lebens. Das lässt hoffen. Suchen die Kinder des Wohlstands neuerdings wirklich mehr Einfachheit und spartanische Eleganz? Wäre logisch. Denn eines der Erfolgssymbole ist nun mal: schlank sein.

Das Prinzip Schlankheit

Auch dem manchmal lästigen Ausmisten kann man positive Seiten abgewinnen: endlich wieder Platz in Schränken und Schubladen – und so manche Dinge lassen sich mit viel Spaß auf dem Flohmarkt verkaufen.

Schlankheit als Basis für mehr Wohlbefinden – viele haben diesen Zusammenhang erkannt. Warum also nicht das Prinzip Schlankheit auf andere Lebensbereiche übertragen: aufs Privatleben, auf Beziehungen, Freizeit, Job. Wo könnte ich noch abspecken, was ließe sich leicht entbehren, z.B. in meiner Wohnung?

Sicher kennen Sie diesen Sinnspruch: Weniger ist mehr. Mag in manchen Ohren banal klingen. Dennoch: Es stimmt. Eine überfüllte Welt garantiert noch kein erfülltes Leben. Im Gegenteil. Eine der Wohlfühlformeln muss lauten: Zurück zum Wesentlichen. Wie gesagt, unser Alltag ist kompliziert genug. Wir sollten versuchen, unser Leben zu vereinfachen – wo immer es geht.

Entrümpeln Sie Ihr Leben

Alle Jahre wieder, meist mit den ersten Sonnenstrahlen, folgen viele von uns mehr oder weniger freiwillig folgendem Drang: Frühjahrsputz, Ausmisten im großen Stil, Aufräumarbeiten total. Weg mit den alten Klamotten, den ausgelesenen Magazinen, den defekten Platzräubern, diesen schrecklichen Souvenirs. Faustregel: Was ich in den letzten zwei Jahren nicht mehr angefasst habe, das brauche ich auch nicht wirklich. Also: weg damit! Es fällt vielen schwer, sich von völlig überflüssigen Besitztümern zu trennen – auch wenn's bloß noch belastet. Was für ein erlösendes Gefühl, wenn der alte Krempel dann tatsächlich entsorgt ist.

Warum eigentlich beschränken wir diesen Akt der Befreiung (denn das ist so ein Entrümpeln ja) meist nur auf den Haushalt? Warum denken wir nicht mal in aller Ruhe darüber nach, was uns in anderen Lebensbereichen – im Job, in der Freizeit, im Urlaub, im Bekanntenkreis – belastet, Zeit und Energie raubt? Wo könnten, sollten, müssten wir unbedingt Ballast abwerfen?

Überprüfen Sie Ihre Erwartungen

Viele Dinge werden nur angeschafft, weil sie im Augenblick angesagt sind, weil man meint, sich diesem Gruppenzwang beugen zu müssen. Doch was nützt eine exklusiv ausgestattete Wohnung mit teuren Möbeln und Accessoires, wenn dabei der eigene Geschmack und die Behaglichkeit auf der Strecke bleiben?

Muss es denn wirklich immer mehr sein? Noch aufwändiger der Lebensstil? Noch größer die Wohnung, noch mehr Anschaffungen? Noch eine Reise, noch weiter weg? Alle zwei Jahre ein noch größeres Auto? Den Preis dafür – noch härter arbeiten, noch mehr verdienen, noch weniger Zeit, um neue Kräfte zu sammeln – haben in den goldenen achtziger Jahren viele Menschen bereitwillig gezahlt. Bestimmt auch, weil wir von Wirtschaft und Werbung auf Wachstum und ständig wachsenden Wohlstand programmiert worden waren.
Aber was hat uns die Noch-größer-noch-mehr-Mentalität gebracht? Sind wir glücklicher geworden? Kann teuer erkaufter Überfluss unser Leben wesentlich bereichern?
Was ist wirklich wichtig für mich? Was erwarte ich vom Leben? Wovon lasse ich mich leiten? Das herauszufinden kann ein mühevoller Prozess sein – und der Auftakt für Veränderungen. Allerdings: Veränderungen sind das, was die Leute offensichtlich am meisten fürchten. Aber es lohnt, die Erwartungen ans Leben auf den Prüfstand zu stellen – und zu verändern.

Carpe diem – nutze den Tag!

Heute ist der erste Tag vom Rest Ihres Lebens. Das hört sich sehr schlicht und gleichzeitig bedeutend an, nicht wahr? So schlichte, aber wichtige Einsichten gehen im Alltag häufig leider verloren. Was wirklich zählt, ist der Augenblick. Genießen Sie den Augenblick. Nutzen Sie den heutigen Tag. »Carpe diem« – der römische Dichter Horaz hat die Einmaligkeit des Augenblicks schon vor 2000 Jahren auf den Punkt gebracht. Man kann Glück nicht aufsparen oder verschieben. Ein amerikanischer Slogan sagt: Leben ist das, was dir passiert, während du gerade andere Pläne schmiedest. Nutze den Tag: hier, jetzt, sofort!

Lassen Sie sich nicht von Ihrer Uhr tyrannisieren

Haben Sie mal nachgerechnet, wie viel Lebenszeit Ihnen noch bleibt? Tun Sie es doch mal. Vielleicht sind es ungefähr 15000 Tage? Vielleicht ein paar Tage mehr? Oder weniger? Jedenfalls sind es nicht unendlich viele. Wir sollten keinen Tag vergeuden, sondern jeden Tag bewusst leben. Im Umgang mit der Zeit rät der Managementtrainer Heinz-Martin Adler (»tempus«):

- Vorhaben und Termine am besten schon am Vorabend notieren. Das Unterbewusstsein stellt sich so schon auf eventuelle Unannehmlichkeiten ein, auf die man dann leichter reagieren kann.
- Verplanen Sie jeweils nur 60 Minuten Ihrer Zeit, den Rest für Unerwartetes reservieren.
- Alle 90 Minuten eine Pufferzone einplanen, um sich zu erholen.
- Finden Sie Ihre individuelle Leistungskurve heraus (Höhepunkt meist am Vormittag). Hier jene Arbeiten erledigen, die die meiste Konzentration erfordern.
- Unterscheiden Sie zwischen wirklich wichtigen und weniger wichtigen Dingen. Wichtiges und Dringendes sofort anpacken.

Setzen Sie Prioritäten. Dadurch verschaffen Sie sich einen Überblick und geraten nicht so leicht unter Stress – nicht alles muss sofort und auf einmal erledigt werden.

Immer nur eine Sache

Mal ehrlich, diese Situation ist Ihnen doch auch vertraut. Sie telefonieren, gleichzeitig blättern Sie in einer Zeitschrift, und dann haben Sie noch ein Auge auf den Fernsehapparat. Und erst die rasante Form: telefonieren, gleichzeitig Radio hören und dabei mit 180 über die Autobahn brettern. An dieser Stelle keine Ermahnung, dass diese Situation gespaltener Aufmerksamkeit äußerst gefährlich sein kann. Aber: Was bringt es, alles auf einmal bzw. mehrere Sachen gleichzeitig zu tun? Zeitersparnis? Von wegen. Nichts Halbes und nichts Ganzes. Konzentrieren Sie sich auf eine Sache. Erledigen Sie die eine Sache – und dann die nächste. Das gilt besonders im Job – und da besonders beim Telefonieren. Bündeln Sie Telefonate am besten. Erledigen Sie größere Aufgaben an einem Stück.

Mit einer Liste die Zeit einteilen

Erstellen Sie täglich eine To-do-Liste. Unterscheiden Sie zwischen dem, was erledigt werden muss, und dem, was Sie zur Not auch verschieben können. Bauen Sie auch ein paar Punkte ein, die nur zu

Ihrem persönlichen Vergnügen reserviert sind. Wie viel Zeit brauchen Sie für jeden Punkt? Legen Sie die Zeitdauer fest, und komponieren Sie mit Ihren Angaben dann einen sinnvollen Tagesablauf.

Kämpfen Sie gegen die alltägliche Papierflut

Es empfiehlt sich, alle wichtigen Unterlagen in einer bestimmten Schublade oder einem Ordner zu sammeln. Dann findet alles seinen Platz, und man hat seine Papiere jederzeit griffbereit.

Die Urmenschen waren bekanntlich Jäger und Sammler – und die meisten Menschen sind es noch immer. Wir heben viel zu viel auf. Das gilt besonders in Bezug auf Papier. Wilfried Mayer, Managementtrainer, rät: Papierkram in verschiedene Kategorien einteilen.

- Erster Stapel: abheften oder bearbeiten.
- Zweiter Stapel: Weiß ich noch nicht.
- Dritter Stapel: Papierkorb. Alles, was nach einer Woche noch im zweiten Stapel liegt, wandert jetzt auch in den Papierkorb. Falls mal was voreilig vernichtet wurde: Alles, was wichtig ist, lässt sich meist wieder beschaffen.
- Was Sie übersichtlich aufbewahren sollten: alle Finanz-, Versicherungs-, Steuerunterlagen, Garantiekarten, Bedienungsanleitungen.
- Was Sie unbedingt vernichten sollten: Papiere, die gefährlich werden könnten, wenn sie in falsche Hände geraten.
- Was Sie unbedingt aufbewahren sollten: Papiere, die anderen gefährlich werden könnten.

Nein sagen lernen

Wie oft haben Sie sich schon dabei ertappt, irgendwas zuzusagen? Eigentlich hatten Sie ja absolut keine Lust. Aber: Sie haben Ja gesagt, Ihre Zusage gehalten – und Ihre Inkonsequenz hinterher bereut. Wir alle übernehmen manchmal halbherzig Aufgaben und Pflichten, haben prompt ein blödes Gefühl, und ärgern uns dann – vor allem und am meisten über uns selbst.
Wenn Sie nicht Ja sagen wollen, dann tun Sie das auch nicht. Wenn Sie nicht ganz sicher sind, dass Sie auch wirklich wollen, was Sie da versprechen, dann sagen Sie das. Sagen Sie lieber gleich Nein. Oder sagen Sie wenigstens nicht gleich Ja, sondern bitten Sie um ein bisschen Bedenkzeit. Mit Abstand und neuem Anlauf lässt sich eine Absage leichter über die Lippen bringen.

Sieben nette Arten, Nein zu sagen

Gut, wenn Sie mitunter Ihr Nein abfedern, mit Höflichkeit oder Charme. »Nein, ich möchte nicht. Aber trotzdem danke, dass Sie mich gefragt haben.«

1. »Ich bewundere Sie ja so …«
Immer erst den Fragesteller loben. »Wollen Sie unser Kassenwart werden?« »Nirgendwo lieber als bei euch. Aber …«

2. »Das ist ein reizvolles Angebot …«
»… aber …« (Kombination mit Punkt 3 bis 6 möglich)

3. »Lassen Sie mich darüber nachdenken«
Wenn man dann nach einer Stunde nochmal anruft, wird das Nein als nicht ganz so schroff empfunden. Denn schließlich hat man sich die Antwort nicht leicht gemacht.

4. »Ich bin halt ein notorischer Neinsager«
Wird oft als eine Art Humor empfunden; wirkt besonders bei Kindern. Menschen hören oft auf zu nörgeln, wenn man sie mit einer Absage zum Lachen bringen kann.

5. »Es passt im Augenblick gerade nicht«
Leerformel, stellt aber häufig zufrieden. Wenn nicht, noch eins draufsetzen: »Ich fürchte, das kann ich jetzt nicht sagen.«

6. »Das tut mir aber leid für Sie«
Die beste Absage bei indirekten Anfragen: »Wir würden ja so gern mit der ganzen Familie kommen, aber leider sind die Hotels so teuer …«

7. »Nein!«
Die beste Antwort in Fällen, wo es wirklich wichtig ist. Vermeidet Missverständnisse.

Quelle: »Nice ways to say no«, Reader's Digest

Jeder Bittsteller muss einem zwangsläufig auch die Möglichkeit lassen, seinen Wunsch nicht zu erfüllen. Sie haben immer die Wahl. Trauen Sie sich, auch mal einen Korb zu verteilen.

Nichtstun ohne Schuldgefühle

Besonders dann, wenn der Kopf leer ist, hilft es, bewusst abzuschalten; eine Tasse Tee trinken, kurz eine Zeitschrift durchblättern – Sie werden sehen, danach findet sich leichter eine Lösung.

Wer schafft das schon in unserer Zeit, die ständig nach action schreit? Und wer schafft das ohne schlechtes Gewissen? Wir Deutschen nennen den Zustand des Nichtstuns Faulenzen. Hört sich nicht gerade positiv an, oder? In der Karibik prägten die Menschen das Wort »liming«. Das heißt so viel wie: mit gutem Gewissen nichts zu tun. Einfach bloß herumhängen, den Gedanken nachgehen, tagträumen, Musik hören – das klingt nicht sehr spannend, ist aber ungemein entspannend.

Eine kleine Auszeit, nur fünf Minuten. Einfach mal nicht geschäftig sein. Sich an einen angenehmen Platz zurückziehen. Einfach zum Fenster hinausschauen – ja, die Seele baumeln lassen. Sie werden staunen, wie viel Power so eine kleine mentale Pause bringen kann.

»Die Ruhe ist der Meister des Handelns«, erkannte Lao Tse, der chinesische Philosoph.

- Ein Fünf-Minuten-Urlaub zwischendurch ist schon mal was.
- Eine Stunde Totalrückzug alle paar Tage ist besser.
- Noch besser: ein halber Nichtstuntag im Monat.

Einfach die Füße hoch legen und nichts tun – wer kann sich das schon leisten? Versuchen Sie aber zumindest, die kleinen Pausen zu genießen, ohne ständig auf Telefon und Aktenstapel zu schielen.

Zeit für sich genießen

Nichtstun heißt, nichts Sinnvolles tun, nichts Vorzeigbares. Irgendwas tut man ja sowieso immer, und wenn es nur Rumsitzen ist. Versetzen Sie sich mal in Ihre Kindheit. Was haben Sie da so den ganzen Tag gemacht? Doch nicht immer nur gelernt. Gespielt, oft einfach gedankenverloren den Tag genossen.

Was könnten Sie nun als Erwachsener so tagträumend und ohne sichtbares Ergebnis tun? Hier ein paar Anregungen:

- Ins Café gehen
- Ein Bad nehmen
- Eine Stunde vor dem Fernseher faulenzen
- Aufs Bett legen und lesen
- Dauertelefonate mit Freunden führen
- Alte Fotos anschauen
- Intensiv Musik hören

Hören Sie auf Ihren Bauch

Natürlich sollte man falsches Handeln überdenken – um es das nächste Mal zu vermeiden. Aber man sollte den Vorfall dann auch auf sich beruhen lassen.

»Ich habe es ja gleich gewusst!« Wie oft haben Sie diesen Stoßseufzer schon losgelassen? Nachdem Sie mal wieder gegen Ihre Intuition, gegen Ihre Gefühle, gegen Ihren Bauch gehandelt haben. Resultat: Enttäuschung, Pleite. »Habe ich es doch geahnt …«

Man sagt besonders den Frauen Intuition nach. Männer spotten deswegen: Intuition sei die weibliche Fähigkeit, blitzschnell eine Person richtig und eine Lage falsch einzuschätzen. Fest steht: Wir alle verfügen über Intuition – diese leise, innere Stimme, die uns zuverlässig sagt, was gut für uns ist und was nicht. Intuition hat nichts mit Vernunft zu tun. Vielleicht hören wir deswegen – wir Vernunftmenschen, wir Pragmatiker – zu wenig auf unsere innere Stimme. Fehler! Vertrauen Sie Ihrem Bauch mehr. Er ist der beste Ratgeber: erfahren, unbestechlich und immer in Ihrer Nähe.

Grübeln ist Gift

Gestern ist gegessen. Vollendete Vergangenheit. Alles, was vergangen ist, lässt sich nicht mehr ändern. Warum also noch darüber aufregen und grübeln, warum es so gewesen ist und was gewesen wäre,

Wenn Sie sich so richtig ärgern, sollten Sie Ihrer Wut genügend Raum lassen und dann versuchen, die Ursache zu beseitigen. Aber lassen Sie Ihren Zorn nicht an Menschen aus, die nichts dafür können.

wenn … Ein rätoromanisches Sprichwort sagt: »Wasser, das schon vorbeigeflossen ist, treibt die Mühle nicht.« Nicht falsch verstehen: Ziehen Sie Lehren aus dem, was gelaufen ist. Überdenken Sie die gewesene Situation einmal gründlich. Aber verwenden Sie Ihre Aufmerksamkeit und Ihre Energie vor allem auf die Gegenwart und die Zukunft.

Ärgern Sie sich – aber richtig

Immer dieser Ärger mit dem Ärger. Nimm's doch leicht – das ist leicht gesagt. Wir wissen: Ärger lähmt, Ärger raubt Energie, Ärger kann krank machen. Aber Ärger kann auch Motor für mehr Engagement, Tatkraft und Kreativität sein.

Der richtige und angemessene Umgang mit Ärger will gelernt sein, schließlich sind Gefühlsexplosionen und offene Aggression in unserer Gesellschaft verpönt. Wie also können Sie sich wirkungsvoll schützen?

Hier eine Antiärgerstrategie.

Autsch! Auch wenn die Wut noch so groß ist, muss man nicht gleich die Fäuste sprechen lassen. Überlassen Sie das lieber den chronischen Raufbolden Popeye und Brutus.

Ist Ärger wirklich nötig?

Nutzen Sie Ärgernisse zur Selbsterkenntnis. Wenn Sie Zorngefühle spüren, achten Sie auf Folgendes:

- Wo ärgern Sie sich am häufigsten (in Büro, Familie, Freizeit, über sich selbst)?
- Wie ärgern Sie sich (explodieren, verdrängen, latent leiden)?
- Was ärgert Sie?
- Welche Folgen hat der Ärger für Sie (Unkonzentriertheit, Fahrigkeit, Traurigkeit, Aggressivität)?
- Versuchen Sie, vorhersehbarem Ärger (und ärgerlichen Menschen) aus dem Weg zu gehen.
- Versuchen Sie – wenn Kontakt unvermeidlich ist –, positiv über Menschen zu denken, die Sie häufig in ärgerliche Stimmung bringen.
- Lernen Sie zu unterscheiden, ob es eine Sache wirklich wert ist, sich darüber zu ärgern.

Den Zorn im Zaum halten

Was aber tun, wenn sich der Ärger einfach nicht vermeiden lässt, wenn die Geduld nicht ausreicht und kein Sich-gut-Zureden hilft?

- Nein, brüllen Sie nicht sofort los. Toben, schimpfen, Türen knallen mag vielleicht für einen Moment befreien – bringt aber nichts.
- Nein, nichts tun – passiv bleiben, abwarten, verstummen – bringt auch nichts.
- Atmen Sie tief durch. Legen Sie langsam die Hände ineinander, denken Sie an was Schönes.
- Suchen Sie das Gespräch mit einem vertrauten Dritten.
- Suchen Sie körperliche Aktivität.
- Suchen Sie die Aussprache mit dem/der Betroffenen.

Denken Sie immer daran, dass sich eigentlich über alles reden lässt. Im Zweifelsfall können Sie ja eine dritte Person als Schiedsrichter dazubitten.

Wenn Sie sich über eine Sache ärgern

- Überlegen Sie, welchen Anteil Schuld Sie selbst haben – und organisieren Sie sich künftig besser.

Wenn Sie sich über eine Person ärgern

- Konfrontieren Sie den/die Betroffene/n mit Ihren Gefühlen nur unter vier Augen.
- Überlegen Sie vorher, was Sie sagen. Reden Sie ruhig und klar.

WIE SIE LÄNGER JUNG BLEIBEN

Unsterblichkeit und ewige Jugend waren schon immer die Wunschträume der Menschheit. Auch wenn sie wohl Träume bleiben werden: Durch den technisch-medizinischen Fortschritt hat sich die Lebenserwartung in den letzten 100 Jahren deutlich erhöht.

Ja, ja, wir werden alle nicht jünger, sagt Volkes Stimme. Oder: Man ist so alt, wie man sich fühlt. Manchmal fühlen wir uns in Wochen um Jahre gealtert. Boris Becker sagte als 23-Jähriger: »Manchmal fühle ich mich schon wie 40. Tennisjahre zählen wie Hundejahre.«

Unzählige Generationen fahndeten nach dem Schlüssel zum Jungbrunnen. Vor 3000 Jahren suchte König Salomo sein Heil im Sex mit Jungfrauen. Kleopatra badete in Eselsmilch. Die Begüterten des Mittelalters vertrauten auf gewagte Mixturen aus der Alchimistenküche: Gemische aus Gold, Quecksilber und Spinnenaugen. Doch weder Magie noch Mittelchen brachten den ersehnten Erfolg, länger, wenn möglich ewig, jung zu bleiben.

Zur Zeit des Römischen Reiches wurden die Menschen im Schnitt 22 Jahre alt. Anfang dieses Jahrhunderts durchschnittlich 47 Jahre. Derzeit liegt die Lebenserwartung für Männer bei 73,1 Jahren, für Frauen sogar bei 79,5 Jahren. Doch es geht nicht nur darum, möglichst alt zu werden. Entscheidend ist auch die Lebensqualität, wenn wir denn schon mehr Zeit dafür haben.

Wir haben es heutzutage selbst in der Hand, ob Körper und Geist bis zum Schluss stark und leistungsfähig bleiben. Und das nicht nur, weil Forscher und Wissenschaftler ständig für Fortschritte in der Medizin sorgen: immer bessere Impfstoffe, wirksamere Antibiotika, gewagtere Hightech in Arztpraxen und Kliniken.

Jung bleiben und alt werden

Allzu gern wird Alter als Synonym für Schimpf, Schande und unseliges Schicksal strapaziert. Keiner will alt werden, aber jeder möchte lange leben. Fest steht: Älter werden ist nun mal die einzige Alternative zu einem frühen Tod.

Altern – ein Naturgesetz. Der Mensch baut eben mit dem Alter ab. Die Knochen wollen nicht mehr so, Gedächtnis, Sehschärfe, Hautstraffheit lassen nach, Venen und Arterien verkalken.

Aber: Jeder kann diesen Prozess lange, lange aufhalten. Es stimmt eben nicht mehr, was vor gut 100 Jahren ein Berliner Gastronom als Sinnspruch in sein Bierlokal pinselte: »Alt werden steht in Gottes Gunst, jung bleiben, das ist Lebenskunst.«

Sport – die erste Lebenssäule

Regelmäßige Gymnastik kann z. B. Haltungsschäden vorbeugen – aber auch der Kreislauf wird kräftig angekurbelt. Körperliche Ertüchtigung steigert ganz einfach das allgemeine Wohlbefinden.

Wir wissen inzwischen, wie wir unsere biologische Uhr etwas zurückdrehen können. Es gibt so eine Art Fitnessformel für eine lang andauernde Jugend. Sie lautet:

- Sport
- Ernährung
- Training fürs Gehirn

Allerdings: Es kommt auf die Dosierung an; nur die richtige Mischung macht's.

Wie der Körper besser funktioniert

Eine Langzeitstudie des Cooper Institute for Aerobics Research mit fast 10000 Männern hat ergeben, dass körperliches Training die Lebenserwartung deutlich steigert. Verglichen mit Untrainierten verringerte sich das Risiko eines frühzeitigen Todes um zwei Drittel.
Mit der höheren Lebenserwartung verbessert sich auch die Lebensqualität. Der Hamburger Sportmediziner Dr. Andreas Witthöft: »Das bedeutet weniger Herz- und Kreislauferkrankungen, ein geringeres Risiko für Diabetes mellitus oder Knochenschwund, straffere Haut sowie mehr Muskelmasse statt Fett. Und natürlich: Man fühlt sich einfach wohler.«
Doch Training allein reicht nicht, wie eine neue Studie der Harvard-Universität beweist. 20 Jahre lang wurden 17200 Personen mittleren Alters wissenschaftlich begleitet. Ergebnis: Nur wirklich konsequente Arbeit am Körper verlängert die Lebenserwartung. Gelegentlich mal eine viertel Stunde Joggen bringt noch gar nichts.

Wöchentlich 1500 Kalorien verbrauchen – durch Sport

Es muss eine kritische Reizschwelle der Belastung erreicht werden. Die liegt bei etwa 70 Prozent der maximalen Leistungsfähigkeit. Das hört sich nun wiederum nach allzu harter Arbeit an – ist es aber nicht. »Erstaunlich geringe körperliche Belastungen in Bezug auf Kraft, Geschicklichkeit und Ausdauer sind erforderlich, um das Ziel zu erreichen«, sagt Prof. Dr. Wildor Hollmann, Präsident des Weltverbandes für Sportmedizin. Schon wenn ein zusätzlicher Energieverbrauch durch sportliche Aktivität von 1500 Kilokalorien (kcal) pro Woche erreicht wird, wirkt sich das auf die Lebenserwartung deutlich positiv aus.

Wöchentlich 1500 Kilokalorien durch Sport – das entspricht ungefähr einem Pensum von:

- Einer Stunde Fußball spielen
- Einer Stunde Skilanglauf
- Knapp zwei Stunden schnellem Laufen (15 km/h)
- Knapp zwei Stunden Basketball
- Knapp zwei Stunden Handball
- Viermal 30 Minuten Schwimmen (Kraul)
- Siebenmal 30 Minuten Schwimmen (Rücken)
- Viermal 30 Minuten Joggen
- Dreimal einer Stunde Tennis spielen
- Drei Stunden Bergsteigen
- Vier Stunden Tanzen
- Vier Stunden Tischtennis
- Täglich einer knappen Stunde flottem Gehen (6 km/h)
- Fünfeinhalb Stunden Golf
- Sieben Stunden Kegeln
- Täglich einer guten Stunde Rad fahren (langsam)

Besonders anstrengend ist Training in größeren Höhen; dann werden mehr rote Blutkörperchen gebildet, um die optimale Sauerstoffversorgung zu gewährleisten. Begibt man sich wieder in niedrigere Gefilde, macht sich dieser Effekt bemerkbar.

Optimales Training

Durch Training vermehren sich die weißen Blutkörperchen. Kurz nach dem Training ist ihre Zahl drei- bis fünfmal höher als sonst. Dadurch steigt auch der Anteil jener Blutbestandteile (Neutrophilen), deren Aufgabe es ist, gegen Bakterien zu kämpfen. Nach anstrengendem Sport bleibt der Stoffumsatz des Körpers noch eine ganze Weile erhöht – manchmal bis zu zwei Tage lang.

Dieser erhöhte Stoffwechsel ist es, der dem Körper so gut tut. Am besten fielen die Ergebnisse bei einem doppelten Energieverbrauch (3100 Kilokalorien/Woche) durch sportliche Aktivität aus. Noch härteres Training (3500 Kilokalorien/Woche) verringert die Lebenserwartung wieder. Vermutlich eine Folge der verschlechterten Immunlage – ein bekanntes Phänomen bei Hochleistungssportlern.

20 Jahre lang 40 bleiben

Bei allen Sportarten sollte man immer darauf achten, einseitige Belastung zu vermeiden – typische Beispiele hierfür sind der Tennisarm oder der Golferellenbogen. Übrigens: Eine der gesündesten Sportarten überhaupt ist Schwimmen.

Professor Hollmann hat vor Jahren schon die Vorteile auf den Punkt gebracht: »Wer regelmäßig Sport treibt, kann 20 Jahre 40 bleiben.« Einfaches Ausdauertraining (besonders durch Gehen, Joggen, Schwimmen, Rad fahren) fördert nicht nur die Leistungsfähigkeit, sondern natürlich auch die Gesundheit, weil das Herz-Kreislauf-System auf wirksame Weise verjüngt wird. Nur nicht übertreiben: Wer mit 40 erst anfängt, Sport zu treiben, darf sich nicht zu viel zumuten. Über Wochen das Pensum steigern, nicht zu viel von sich verlangen.

Muskelaufbau dreht die biologische Uhr zurück

Der langjährige Medizinkorrespondent des TV-Senders CBS, Dr. Bob Arnot, fasst in seinem Buch »Dr. Bob Arnot's guide to turning back the clock« die Ergebnisse von führenden Fitness- und Ernährungswissenschaftlern in den USA zusammen. Dr. Arnots Erkenntnis: Auch Muskelaufbau dreht die biologische Uhr zurück. Schwindende Muskeln sind eine noch unterschätzte Ursache für einen insgesamt verringerten Stoffwechsel.

Tatsache ist: Untrainierte Männer ab 30 legen in jedem Lebensjahrzehnt nicht nur ein paar Kilogramm Gewicht zu, sondern büßen auch etwa drei Kilogramm Muskelmasse ein, Frauen etwa zwei Kilogramm. Der Zusammenhang:

- Mehr Muskeln bedeuten mehr Energie. Denn größere Muskeln können mehr Glykogen (Kohlenhydrate) speichern.
- Mit dem Muskelaufbau sinkt der Blutzuckerspiegel. Aktive Muskeln verbrennen Zucker oder speichern ihn. Mit schlaffen Muskeln gelangt der Großteil des Zuckers zurück in die Leber und wird in Fett umgewandelt.
- Trainierte Muskeln produzieren weniger Insulin, das für das Entstehen von Fettpolstern mitverantwortlich ist.

Richtige Ernährung – die zweite Lebenssäule

Immer mehr Studien belegen es: Wer bewusster isst, lebt länger. Eine entscheidende Rolle dabei spielen die Vitamine. Sie sind in aller Munde – als »schnelle Eingreiftruppe« des Immunsystems. Im letzten Jahrzehnt fand in der Vitaminforschung eine Revolution statt. Bis dato hatte man sich nur damit beschäftigt, was bei Vitaminmangel geschieht. Inzwischen ist erwiesen worden, dass eine optimale und regelmäßige Versorgung mit Vitaminen auch vorbeugend gegen Krankheiten wirken kann.

Freie Radikale gefährden massiv den Zellschutz im Organismus. Ihre natürlichen Feinde sind in erster Linie Vitamin C und E. Beispielsweise auch durch grünen Tee kann man dem Körper diese heißbegehrten Radikalefänger zukommen lassen.

Vitamine als Zellschutz

Vor allem die Vitamine C und E sowie das Provitamin Beta-Karotin gelten als Schlüssel zur Gesundheit. Ihre Schutzfunktion im Organismus: Sie fangen Sauerstoffmoleküle ab – so genannte freie Radikale.

Kennst Du das Land, wo die Zitronen blüh'n? Doch man muss nicht unbedingt in südliche Gefilde entfliehen. Die Vitaminbomben Orange, Zitrone, Bergamotte, Grapefruit, Mandarine oder Limette finden ihren Weg auch in den Norden.

Diese aggressiven Teilchen bilden sich spontan in unserem Körper, begünstigt durch Luftverschmutzung, Zigarettenrauch, Elektrosmog, Ozon, UV-Strahlen und auch Medikamente. Freie Radikale stürzen sich äußerst aggressiv auf lebende Zellen. Was sie anrichten können: Alterung, Schwächung des Immunsystems bis hin zu lebensbedrohenden Krankheiten wie Krebserkrankungen und Herzinfarkt.
Für eine wirkungsvolle Verteidigung der Zellen ist deshalb eine ausgewogene Versorgung mit allen Antioxidanzien wichtig.
Das bedeutet z. B.: morgens und abends einen Apfel oder eine Orange, mittags außer gekochtem Gemüse noch eine Banane oder eine Portion Salat – vor allem mit Karotten, Paprika, Zwiebeln und Sellerie. Zwischendurch eine Birne. Und abends am besten wieder Obst oder Salat – so viel Sie mögen.

Länger-leben-Lebensmittel

Frisches Obst und Gemüse sind und bleiben die idealen Vitaminlieferanten, von denen man gar nicht genug bekommen kann. Vitaminpillen sollte man nur in Notfällen schlucken – wenn man aus irgendwelchen Gründen nichts Frisches abkriegt.

Die folgenden Lebensmittel enthalten reichlich von den Schutzstoffen Beta-Karotin, Vitamin C und E. Der Vitamingehalt von Lebensmitteln wird meistens pro 100 Gramm gemessen. 100 Gramm Petersilie sind jedoch mit 100 Gramm Kartoffeln nicht zu vergleichen. Deshalb ist der folgenden Hitliste nicht nur der zahlenmäßige Vitamingehalt zugrunde gelegt, sondern es wurde auch mit einbezogen, wie viel man von einer Speise normalerweise pro Portion zu sich nimmt.

Beta-Karotin

1. Karotten, 2. Spinat, 3. Fenchel
Süßkartoffeln, Grünkohl, Löwenzahn, Feldsalat, Mangos, Mangold, Endivien, Kürbis, Spargel

Vitamin E

1. Weizenkeimöl, 2. Leinsamen, 3. Sonnenblumenkerne
Haselnüsse, Mandeln, Fenchel, Schwarzwurzeln, Himbeeren, Aal, Krabben, Süßkartoffeln

Vitamin C

1. Schwarze Johannisbeeren, 2. rote Paprika, 3. Kiwis
Brokkoli, Fenchel, Papayas, Erdbeeren, Hagebutten, Sanddorn, Rosenkohl

Der Frühstücksklassiker Müsli garantiert einen guten Start in den Tag. Er enthält jede Menge wichtiger Vitalstoffe. Wenn Sie ihn außerdem mit Nüssen, Früchten und Honig kombinieren, haben Sie schon einiges für Ihre tägliche Essfitness getan.

Wie viel Vitamine wir brauchen

Die Vitaminempfehlungen der Deutschen Gesellschaft für Ernährung, die vor über zehn Jahren entwickelt und traditionell als Maßstab genommen wurden, sind ins Wanken geraten. Sie müssen wohl nach oben korrigiert werden.

Für die optimale Versorgung gilt jetzt folgende tägliche Dosis:

- 75 bis 150 Milligramm Vitamin C
- 15 bis 30 Milligramm Vitamin E
- 2 bis 4 Milligramm Beta-Karotin

Diese Richtwerte gelten für gesunde Menschen ohne erhöhten oxidativen Stress durch freie Radikale und lassen sich durchaus mit frischen Lebensmitteln realisieren.

Wer einer besonders großen oxidativen Belastung ausgesetzt ist (etwa durch Rauchen, Sonnenbrand oder eine strenge Diät), wer durch einen erhöhten Cholesterinspiegel oder erbliche Vorbelastung für eine Herz-Kreislauf-Erkrankung gefährdet ist, braucht vor allem mehr Vitamin E (100 Milligramm täglich). Da helfen nur Vitaminpräparate. »Allerdings«, so warnt Ernährungswissenschaftler Prof. Dr. Michael Hamm, »kann eine Vitaminpille niemals der Ersatz für gesunde Ernährung sein. Höchstens eine Ergänzung.«

Auch Hochleistungssportler haben einen erhöhten Bedarf an Radikalefängern. Denn ihr Organismus ist auf eine besonders gute Sauerstoffversorgung ausgerichtet – die vermehrte Bildung von freien Radikalen ist eine unangenehme Begleiterscheinung hiervon.

Knoblauch und Kefir – die Wundermittel?

In Knoblauch ist der Wirkstoff Allizin enthalten, der eine antibiotische und pilztötende (antimykotische) Wirkung hat. Außerdem senkt er den Blutdruck.

Alle Jahre wieder tauchen Knoblauch und Kefir als lebensverlängernde Wundermittel in den Medien auf. Was ist da dran?

Über Knoblauch gibt es jede Menge Studien, die eine vorteilhafte Wirkung bestätigen. Knoblauchöl verhindert z.B. Blutgerinnsel (Thrombosen). Um den optimalen Schutz zu gewährleisten, müssten Sie vier bis acht Knoblauchzehen essen. Pro Tag. Kein Problem für einen echten Fan. Für seine nähere Umgebung schon.

Kefir verdankt seinen Ruf (»Das Getränk der Hundertjährigen«) den Studien des russischen Nobelpreisträgers Ilja Metchinoff. Seine Theorie: In Sauermilchprodukten wie Kefir enthaltene Laktobazillen stärken die Abwehrkräfte, indem sie fäulnis- und krankheitserregende Keime im Darm wirkungsvoll bekämpfen. Aktuelle Bestätigung: Das Forschungszentrum eines großen Lebensmittelkonzerns entdeckte jetzt ein Milchsäurebakterium der Lactobacillus-acidophilus-Familie, das u.a. vor Magenschleimhautentzündungen und Magen-Darm-Geschwüren schützen soll.

Stänkern Sie doch mal! Der Wunderzehe Knoblauch verdanken wir viele kulinarische Köstlichkeiten. Und sehr gesund ist sie auch: Das kleine Stinktier wirkt u.a. belebend, entschlackend und entgiftend.

Auch das Gewicht ist von Gewicht

Wer länger jung bleiben will, muss wissen, dass auch sein Gewicht ein wichtiger Faktor ist. Übergewicht lässt uns nicht nur älter aussehen, als wir wirklich sind. Übergewicht führt auch zu einer vorzeitigen Alterung der Organe.

Das Phänomen Aspirin

Aspirin, seit einem Jahrhundert im Handel und weltweit Marktführer aller Schmerzmittel, hat durchaus Nebenwirkungen – und zwar auch außerordentlich erfreuliche. Über 200 Studien haben sich mit dem Phänomen Aspirin befasst. Aspirin kann kein Ersatz für fettbewusste Ernährung, Bewegung oder einen regelmäßigen ärztlichen Check-up sein. Aber erwiesen ist, dass Aspirin

- Das Herzinfarktrisiko um 30 bis 40 Prozent senken kann
- Das Hirnschlagrisiko um 18 Prozent senken kann
- Das Darmkrebsrisiko um 50 Prozent senken kann
- Migräneattacken um 20 Prozent reduzieren kann
- Senilität vorbeugen kann

Details, z. B. die individuelle Dosis, sollten Sie selbstverständlich genauestens mit Ihrem Hausarzt absprechen.

Bei Magengeschwüren und Problemen mit der Blutgerinnung sollten Sie kein Aspirin einnehmen, da es die Magenschleimhäute reizen kann und das Blut verdünnt.

Fit im Kopf – die dritte Lebenssäule

Unser Gehirn ist eine Hochenergiezentrale. Obwohl das Gehirn nur 2,3 Prozent unseres Körpergewichts ausmacht, werden hier 20 Prozent des Sauerstoffs verbraucht. Es besteht aus 100 Milliarden Nervenzellen. Unser Gehirn, nur knapp drei Pfund schwer, ist leistungsfähiger als ein Computer. Im Lauf eines Lebens kann es Millionen Bilder speichern, Wörter, Zahlen, Lieder, Erlebnisse, Gerüche. Unser Kurzzeitgedächtnis kann bis zu 25 Sekunden lang sieben völlig verschiedene Infos aufnehmen. Unser Langzeitgedächtnis hat das Speichervolumen einer Bibliothek mit 100000 Büchern.

Unser Gehirn – eine wunderbare und wundersame Denkmaschine. Sie rostet, die Maschine, wenn sie rastet – wenn sie zu wenig oder gar nichts zu tun kriegt. Das Gehirn kann wie ein Muskel trainiert werden.

Gehirnjogging

Suchen Sie sich neue Herausforderungen – auch im Denken. Versuchen Sie sich doch einfach ab und zu an einem besonders kniffligen Geschicklichkeitsspiel oder einem Riesenkreuzworträtsel.

Prinzipiell kann man Gehirnjogging mit körperlichem Sport vergleichen. Man muss sich dabei ein bisschen anstrengen. Denken ist nun mal nicht immer gemütlich. Aber: Gehirnjogging muss nicht schwer sein. Fünf bis zehn Minuten täglich reichen schon aus. Es kommt nur darauf an, aus den gewohnten Denkmustern auszubrechen.

Den Kopf aktiv einsetzen

Gehirnjogging – der Begriff macht durchaus Sinn. Es handelt sich dabei nämlich tatsächlich um ein Fitnesstraining für unsere grauen Zellen. Im Lauf der Jahre verkümmern unsere stark verästelten Nervenverbindungen im Gehirn. Viele Erwachsene neigen dazu, ihr Leben immer mehr nach Routine zu gestalten, immer weniger Überraschungen und ungewohnte Reize in ihren Alltag zu integrieren – das Gehirn arbeitet dann gewissermaßen im Schongang. Die Verästelungen der Nerven schrumpfen aber noch mehr, sobald sie nicht mehr beansprucht werden.

Die »Hardware« des Gehirns ist also immer von Abbau bedroht. Wir haben es aber auch hier in der Hand, den Prozess durch geistiges Training aufzuhalten. Je besser die »Hardware« des Gehirns funktioniert, desto intelligenter sind wir insgesamt. Denn nur auf einer intakten Hardware kann die »Software« richtig arbeiten: Alles, was der Mensch im Lauf seines Lebens lernt, erlebt und erfährt, bildet die »Software«. Solange ein Mensch im Kopf gesund und aktiv ist, bleibt seine »Software« (Erinnerungen und logische Schlussfolgerungen) erhalten. Meist wächst sie mit dem Älterwerden sogar und wird zu dem, was man Weisheit nennt – eine der wenigen positiven Eigenschaften, die man gemeinhin dem Alter zuschreibt. Und um mit einem Vorurteil Schluss zu machen: Das Gehirn schrumpft nicht im Alter! Das Volumen nimmt zwar etwas ab, aber die Nervenzellen reichen immer noch für geistige Höchstleistungen aus.

Wie funktioniert unser Gehirn?

Diese Frage ist wichtig, wenn wir wissen wollen, wie wir unseren Kopf trainieren und fit halten können.
Die vielen Nerven, die durch unseren Körper laufen, senden ständig Informationen an das Gehirn. Es verwertet sie, speichert sie, legt sie irgendwo ab. Möglichst so, dass sie auch wieder abgerufen werden können, wenn es nötig wird.
Da die Informationen von allen unseren Sinnesorganen stammen, sind Empfindungen mit ihnen verknüpft: als etwas Gesehenes, Gehörtes, Gefühltes (und wie es sich angefühlt hat).
Das ist auch die Art, wie wir uns etwas leichter merken können: Über Gefühle, über Gerüche oder andere Erlebnisse, die wir mit dem eigentlichen Ereignis, der Information, verknüpfen. Und daraus kann man sich kleine Hilfestellungen und Eselsbrücken basteln, um sich Dinge besser merken zu können.

Unser Gehirn selektiert die Flut der Eindrücke, die ständig auf uns einstürmt. Nicht alles, was wir erleben, kann archiviert werden – aber je eindringlicher ein Sachverhalt ist, desto leichter wird er abgespeichert.

Training fürs Gehirn zahlt sich auf alle Fälle aus und bringt auch jede Menge Spaß. Wie bei einem großen Puzzlespiel kann man die einzelnen Informationsteilchen so lange hin- und herschieben, bis sie sich bequem eingliedern lassen.

Etwas für Tüftler

Am schwersten fällt es einem meist, sich abstrakte Dinge zu merken. Zahlenfolgen beispielsweise: Telefonnummern, Zahlenschloss, Geheimnummer der Scheckkarte (»Wie war die doch gleich?«).
Wer was mit Zahlen anfangen kann, beginnt zu kombinieren, sozusagen Päckchen zu bilden. Oder sieht einen Zusammenhang in der Folge der Ziffern (Beispiel: 1–2–4–8; die jeweilige Ziffer ergibt mit sich selbst addiert die nächste Ziffer).

Bildhaftes vor dem geistigen Auge

Hat man seine liebe Not damit, sich etwas zu merken, hilft es oft, zu Papier und Bleistift zu greifen. Beim Aufschreiben der widerspenstigen Telefonnummer oder Vokabel aktiviert man auch das optische Gedächtnis – das Einprägen fällt so viel leichter.

Man kann aber auch versuchen, Bilder mit den einzelnen Zahlen zu verknüpfen. Vorteil: Die lassen sich leichter im Gehirn abrufen. Nachteil: Man muss erst mal auf eine schlüssige Idee kommen. Doch sehen Sie es als Spaß an; auch das trainiert schon Ihr Gehirn. Wieder das Zahlenbeispiel von oben (1–2–4–8): »Ich habe einen Wintermantel (1), zwei Handtaschen (2), vier Paar Schuhe (4) und muss Acht geben, dass mein Kleiderschrank nicht zu voll wird (8).«
Oder speichern Sie die Zahlenkombination selbst als Bild. Manchmal lassen sich Zahlen auch durch Reime besser merken. Wir erinnern uns: »3–3–3 – bei Issos Keilerei.«
Und nicht nur Zahlen. Viele alte Benimm- und sonstige Regeln kennen wir noch, weil sie in Versen formuliert sind (»Wein auf Bier, das rat' ich dir, Bier auf Wein, das lass' sein«).

Konzentrieren mit Spaß

Und so können Sie Ihr gedankliches Fitnesstraining ins Tagesprogramm einbauen:

- Mal wieder spielen – z. B. Memory
- Ein Gedicht auswendig lernen
- Vor Reisen die einzelnen Stationen der gesamten Strecke auswendig lernen
- Einkaufsliste nur im Kopf – nicht auf dem Zettel
- Freunde anrufen, ohne auf den Kurzwahlspeicher am Telefon zu drücken
- Etwas in Reime fassen, das Sie sich merken möchten
- Gerade Gelesenes oder Gehörtes (Zeitung, Fernsehen) für sich selbst noch einmal wiederholen

Wie Sie Ihr Gehirn trainieren können

Mit regelmäßiger Übung können Sie Ihr Gehirn in Hochform bringen – und halten. Dazu müssen Sie nicht einmal grübeln, bis Ihnen der Kopf raucht. Einfache Denkspiele, Kopfrechnen, ja sogar Tanzen sind effektive Gehirntrainer. Hier zehn erprobte und bewährte Methoden:

- Zerlegen Sie Ihre Telefonnummer in Zahlenpaare, und addieren und/oder multiplizieren Sie die einzelnen Paare im Kopf miteinander.
- Lernen Sie, ein Musikinstrument (ideal: Klavier) zu spielen. Dabei muss das Gehirn Handgriffe, Tempo und Takt mit extremer Präzision koordinieren. Genauso effektiv sind Tanzstunden (Standard- oder lateinamerikanische Tänze).
- Versuchen Sie, das Kreuzworträtsel im »Zeit«- oder »FAZ«-Magazin oder die Denksportaufgaben in FIT FOR FUN (»Fit im Kopf«) zu lösen. Finger weg von zu leichten Rätseln – sie stumpfen das Hirn eher ab.
- Ihr Nachbar ist ein übler Widerling? Denken Sie sich Argumente aus, warum er doch ein feiner Kerl ist.
- Schreiben Sie alle Telefonnummern auf, die Ihnen einfallen. Wessen Nummer haben Sie vergessen? Im Telefonbuch nachschauen und auswendig lernen. In einer Woche prüfen, ob Sie sie noch wissen.
- Wie hießen Ihre Mitschüler in der Grundschule? Versuchen Sie sich zu erinnern, wer wo gesessen hat.
- Lernen Sie beim Frühstück alle Schlagzeilen auf einer Zeitungsseite auswendig, und rekonstruieren Sie beim Mittagessen die Zeitungsseite auf einem Blatt Papier.
- Wie heißen die zwölf Tierkreiszeichen? Wie viele haben keine Beine, wie viele zwei, vier und acht?
- Wie klingt Ihr Name, wenn man ihn von hinten liest? Falls Sie Otto oder Anna heißen: Verdrehen Sie den Namen Ihres Partners, von Kindern, Eltern, Freunden oder beispielsweise auch den von Maria Pawlikowska-Jasnorzewska, einer polnischen Dichterin.

Fordern Sie Ihr Gedächtnis heraus – und zwar stärker, als der Alltag das üblicherweise tut. Sie werden sehen: Schon bald können Sie von Denkspielen gar nicht mehr lassen.

Literatur

Anderson, Greg: Wellness. Ueberreuther Verlag. Wien 1996
Axt, Prof. Dr. Peter/Axt, Dr. Michaela: Bleib doch einfach jung. Herbig Verlag. München 1996
Birker, Klaus/Schott, Barbara: Energie tanken. Rowohlt Verlag. Reinbek 1997
Bloomfield, Harold H./Cooper, Robert K.: The Power of 5. Rodale Books. 1995
Bloss, Prof. Hans A.: Topfit durch Bewegung. Ehrenwirth Verlag. München 1993
Bollettieri, Nick/Maher, Charles A.: Matchball. BLV Verlag. München 1995
Buhmann, Carine: Beiß nicht gleich in jeden Apfel. Rowohlt Verlag. Reinbek 1996
Cooper, Dr. Kenneth H.: Antioxidantien – Die neuen Gesundmacher. BLV Verlag. München 1995
Diamond, Marilyn/Schnell, Donald: Fitonics fürs Leben. Goldmann Verlag. München 1997
Ernst, Heiko: Gesund ist, was Spaß macht. Kreuz Verlag. Stuttgart 1992
FIT FOR FUN (Hrsg.): Das große Buch der Diäten. Verlagsgruppe Milchstraße/Südwest Verlag. Hamburg/München 1995
FIT FOR FUN (Hrsg.): Das große Buch der Vitamine. Verlagsgruppe Milchstraße/Südwest Verlag. Hamburg/München 1994
FIT FOR FUN (Hrsg.): Top-Rezepte aus der Fitness-Küche. Verlagsgruppe Milchstraße/Südwest Verlag. Hamburg/München 1997
Frank, Angela: Fit for business. Wirtschaftsverlag Langen Müller/Herbig. München 1993
Hellmiß, Margot/Scheithauer, Frank: Der mentale Weg zur idealen Figur. Südwest Verlag. München 1996
Hunkel, Karin: Die Kraft der Farben. Gräfe und Unzer Verlag. München 1997
Klaeger, Cornelia: Gesund und fit durch Vitamine. Südwest Verlag. 3. Auflage, München 1996

Lassen, Arthur: Heute ist mein bester Tag. LET-Verlag. Bruchköbel 1988

Lindemann, Hannes: Anti-Stress-Programm. Heyne Verlag. München 1990

Münzing-Ruef, Ingeborg: Kursbuch gesunde Ernährung. Zabert Sandmann Verlag. München 1995

Oberbeil, Klaus: Fit durch gesunde Ernährung. Südwest Verlag. 6., völlig neu bearbeitete Auflage, München 1996

Oberbeil, Klaus: Fit durch Vitamine. Südwest Verlag. 13. Auflage, München 1997

Ornstein, Robert/Sobel, David: Gesund durch Lebensfreude. Hugendubel Verlag. München 1994

Perry, Susan/Dawson, Jim: Chronobiologie. Heyne Verlag. München 1992

Pianta, Jean-Paul: Die Intelligenz unseres Körpers. Heyne Verlag. München 1996

Pollmer, Udo/Fock, Andrea/Gonder, Ulrike/Haug, Karin: Prost Mahlzeit! Krank durch gesunde Ernährung. Kiepenheuer & Witsch Verlag. Köln 1994

Schaenzler, Nicole/Burkhardt, Dietlinde: Das Immunsystem natürlich stärken mit Vitaminen und Mineralien. Ludwig Verlag. München 1997

Schindler, Gerhard T.: Wegweiser Alternatives Heilen. Heyne Verlag. München 1997

Schwarz, Aljoscha/Schweppe, Ronald: Von der Heilkraft der Schokolade – Geniessen ist gesund. Verlag Peter Erd. 2. Auflage, München 1997

Stay Young! Fitneß für Körper, Geist und Seele. Humboldt Verlag. München 1994

Stiftung Warentest (Hrsg.): Fit durch gesunden Schlaf. Berlin 1994

Tausch, Prof. Reinhard: Hilfen bei Streß und Belastung. Rowohlt Verlag. Reinbek 1996

Wade, Jennifer: Personal Training. Fitneß für ein neues Lebensgefühl. Südwest Verlag. München 1996

Wilson, Paul: Wege zur Ruhe. Rowohlt Verlag. Reinbek 1997

Bildnachweis

AKG, Berlin: 25, 32, 58, 98, 122, 134, 137, 161, 174; FIT FOR FUN, Hamburg: Titelbild, 113, 114, 115, 116, 117, 118, 119 (Andrea Schick); Südwest Verlag, München: 42, 44 (Ulla Kimmig), 104, 109, 111 (Michael Nagy),110 (Jump), 150, 181, 183 (Karl Newedel); The Image Bank, München: 2 (Romilly Cockyer), 9 (Joanna McCarthy), 11, 50, 106 (Marc Romanelli), 12 (Inner Light), 14 (Donata Pizzi), 18 (John P. Kelly), 22 (Jacques Cochin), 28, 164 (White/Packert), 31 (A. Boccaccio), 36 (M. Tcherevkoff), 39, 48, 128 (David de Lossy), 55 (Paul Simcock), 61 (GK & Vikki Hart), 64 (Zao Longfield), 68 (Peter Holst), 71 (Barros & Barros), 79 (Michael O'Neill), 83 (Alain Ernoult), 89 (R. Rocha Filho), 92 (Alberto Incrocci), 94 (Eric Meola), 108 (Jeff Smith), 112 (Tim Bieber), 133 (Andrew Unangst), 120 (Gordon), 152 (Howard Berman), 158 (Michael Dunning), 166 (Terje Rakke), 172 (Henry Sims), 176 (Tom Hussey), 184 (Nino Mascardi), 187 (Will Crocker)

Hinweis

Das vorliegende Buch ist sorgfältig erarbeitet worden. Dennoch erfolgen alle Angaben ohne Gewähr. Weder Autor noch Verlag können für eventuelle Nachteile oder Schäden, die aus den im Buch gegebenen praktischen Hinweisen resultieren, eine Haftung übernehmen.

Impressum

5. Auflage 2000

Redaktion: Ulrike Stefanie Hoppe, Silke Weidner
Projektleitung: Nicola von Otto
Redaktionsleitung und medizinische Fachberatung: Dr. med. Christiane Lentz
Bildredaktion: Bettina Huber
Produktion: Manfred Metzger
Umschlag und Layout:
Heinz Kraxenberger, München
DTP-Produktion:
AVAK Publikationsdesign, München

Printed in Italy

Gedruckt auf chlor- und säurearmem Papier

ISBN 3-517-06083-6

Register